LES MEMOIRES DE
FOOTIT & CHOCOLAT

CLOWNS

Recueillis par FRANC-NOHAIN

Illustrations en couleurs de René VINCENT

PIERRE LAFITTE & Cie
EDITEURS D'ART
90, Av. des Champs-Elysées, 90
PARIS

Quelques mots pour présenter les
Mémoires de Footit et Chocolat.

L'habituel préfacier de Footit et de Chocolat est, soit un jongleur à cheval, soit un écuyer serré dans son habit bleu de ciel, possesseur d'une paire de superbes moustaches et d'une raie magnifique sur des cheveux soigneusement cosmétiqués !

Aujourd'hui, Mesdames et Messieurs, vous ne vous trouvez pas sur des fauteuils de cirque et celui qui vous présente Footit et Chocolat ne brandit pas la chambrière avec laquelle il s'agit d'exécuter des 8 savants ; il n'est armé que d'un maigre porte-plume, il travaille dans un paisible cabinet, il n'a même pas l'accent anglais !...

Cela ne l'empêcha point, d'ailleurs, de savourer avec un intérêt passionné le récit que vous allez lire. J'avais, comme tout le monde, applaudi les deux clowns ; j'avais même assisté à la journée Footit — car il y eut une « journée » en l'honneur de Footit comme en celui de Sarah Bernhardt : les artistes de Paris vinrent présenter leur hommage à ce camarade illustre ; on y fit une conférence, on y récita des vers et le héros de la fête parut, à la fin, dans ses créations les plus célèbres ; il fut l'écuyère débutante qui trébuche sur le « panneau », il fut le poète qui court après un insaisissable papillon et j'ai encore dans les oreilles le bruit des acclamations qui le saluèrent...

Mais nous sommes plus exigeants. Il ne nous suffit pas de constater la gloire de nos favoris, nous voulons encore savoir comment ils y parvinrent.

C'est ainsi que naquit l'idée des *Mémoires de Footit et de Chocolat*.

Ils firent leurs confidences à Franc-Nohain. Franc-Nohain écrivit des vers clownesques, des vers désarticulés comme l'homme-serpent, agiles comme la danseuse de corde, des vers qui sautent en l'air comme des chats et « retombent toujours sur leurs pattes », selon l'expression d'un autre poète, Théophile Gautier. Footit et Chocolat lui dirent tout.

Ils lui contèrent leurs débuts, la misère du pauvre négrillon vendu comme un esclave, tour à tour valet d'écurie, groom, ouvrier dans une usine à Bilbao, les vicissitudes du jeune Footit, né dans les cirques et cherchant sa voie jusqu'au moment où — si blanc ! — il rencontra Chocolat — si noir !

Et Chocolat, avec un sourire ravi, devint le souffre-douleur de Footit !

Mais les gifles que donne le second au premier ne sont pas des gifles méchantes, ce sont des gifles fatales ; il est dans la destinée de Footit de les envoyer et dans celle de Chocolat de les recevoir : voilà tout. Cela ne l'empêche pas de sourire d'ailleurs, ni d'être fier de son bel habit rouge, de ses escarpins vernis, de ses bas de soie, de son gilet blanc et de son « *petite chapeau* », un melon qu'il plante sur ses yeux et qu'il époussète avec un soin attendri chaque fois qu'il tombe à terre — ce qui lui arrive souvent; les gifles, n'est-ce pas !. .

Au cirque, Chocolat, quand il ne joue pas un travesti, garde ce costume, ...et sa couleur naturelle — sale nègre ! a coutume de lui reprocher son compère quand il est à bout de claques et de coups de pied ! — Footit, au contraire, s'enfarine le visage et s'habille en clown classique étincelant de broderies d'or et d'argent.

Par exemple, dans la rue, Footit n'est plus qu'un gentleman blond et trapu, vêtu avec une

correction toute britannique, tandis qu'on reconnaît Chocolat; les tout petits le montrent au doigt :
« Maman ! Totolat ! » On se trompe même parfois et certains nègres qui n'y ont aucun droit,
bénéficient ainsi de la popularité de leur congénère !

Vous allez donc apprendre comment le jeune Footit et le jeune Raphaël (c'est le vrai nom
de Chocolat) parvinrent au sommet de leur art. Vous trouverez dans ce récit où *tout est vrai* un
reflet de certains romans qui vous passionnèrent, tel *Sans famille* — avec cette énorme différence
pourtant, qu'il s'agit ici de personnages en chair et en os et d'une histoire vécue.

Footit est un novateur ; il invente les histoires qui nous amusent tant. Exemple unique de
clown complet, réunissant l'agilité et l'esprit : il sait exécuter à merveille un saut périlleux et
trouver un *mot* qui fait éclater de rire. Il est aussi et surtout, peut-être, un mime prodigieux. Vous
vous souvenez de lui en Pierrot-soldat, tremblant de peur devant sa guérite, avec un terrible
fusil qui l'embarrasse.

Chocolat, lui, remplace à la fois Auguste qui n'amusait que par sa gaucherie et son
inutilité, et l'écuyer qui donnait seul, jadis, la réplique au clown. Cet écuyer était trop beau,
trop bien coiffé, trop correctement sanglé dans son habit pour jouer avec conviction un rôle
d'idiot. Ainsi, le clown traçait un rond, mettait l'écuyer au milieu et se plaçait à côté de lui,
puis il disait :

— Il y a deux hommes dans ce rond : un intelligent et un imbécile.

— Oui, clown.

— Si l'intelligent s'en va qui est-ce qui reste ?

— L'imbécile !

En parlant, le clown sortait sournoisement du rond et l'écuyer y restait, mais avec un sourire
supérieur. Il n'était pas, avec conviction, l'imbécile annoncé par le clown ! Chocolat, au contraire,
prouve une fois de plus « qu'il ne faut pas être bête pour faire la bête ». Il essuie des gifles comme
s'il avalait des éclairs au café et ne s'étonne pas de recevoir trente coups de poing dans les côtes

sous prétexte que Footit, jouant au conducteur d'omnibus, a besoin de faire semblant de pointer les correspondances !

Vous allez savoir grâce à quel hasard, à quel coup bienfaisant de la Destinée, Footit né à Nottingham (Angleterre) rencontra à Madrid le jeune Chocolat (né à La Havane). Chocolat avait admiré Footit. Ils ne devaient plus guère se séparer. Il n'est pas mauvais, en amitié, qu'un des deux amis admire l'autre !

Aujourd'hui ils sont arrivés au sommet de leur art ; on les imite sans les égaler et nous devons plaindre par avance nos petits-neveux qui ne connaîtront que par ouï-dire Footit et Chocolat.

Grâce à Franc-Nohain qui a recueilli fidèlement leurs Mémoires, il restera d'eux, pourtant, quelque chose de plus que leur nom. On saura que l'existence de ces deux clowns, existence qui ne fut pas toujours facile, se dénoua à la façon des contes de fée : « ils furent heureux et eurent beaucoup d'enfants !... »

Maintenant, lecteur, prends place, sans avoir besoin d'un contrôleur, ni d'une ouvreuse. Les écuyers s'alignent en achevant de mettre leurs beaux gants blancs, le chef d'orchestre lève son bâton ; l'auditoire frémit d'impatience ; Footit bondit sur la piste en deux bonds prodigieux ; Chocolat arrive, inquiet, les pieds en dedans, gardant tant bien que mal l'équilibre de son fameux chapeau : c'est Footit ! c'est Chocolat ! la joie resplendit dans tous les yeux. Etes-vous prêts ? ou plutôt :

— Are you ready ?
— Yes !
— Miousic !

HENRI DUVERNOIS.

LES MÉMOIRES DE
FOOTIT & CHOCOLAT

CHAPITRE PREMIER

L'Enfance de Footit

Soyez tranquille, Master Footit, l'éducation du petit jeune homme est en bonnes mains !...

Et la main longue et sèche de l'honorable M. Fips tapotait les joues du petit jeune homme de huit ans et demi qui regardait cependant d'un œil un peu inquiet l'imposante cravache que le vieux gentleman tenait toujours sous son bras gauche.

La vieille dame assise aux côtés de M. Fips, une très respectable vieille dame, avec un haut bonnet de dentelles noires, et des lunettes d'or, et qui n'était autre que Mme Fips elle-même, — la vieille lady se mit aussi à tapoter les joues du petit jeune homme :

— Et si ce petit jeune homme aime le pudding, Master Footit, — dit-elle d'une voix enjouée et amicale, — il vous écrira bientôt des nouvelles du pudding de Mme Fips !...

Et c'est ainsi qu'un jour de novembre 1872, M. Footit, qui dirigeait, à Manchester, le célèbre *Footit great allied circus* (¹), vint faire inscrire son fils aîné parmi les élèves d'*Arnold College,* institution fort avantageusement connue dans la campagne de Nottingham où, moyennant quinze cents francs par an, concurremment aux puddings de Mme Fips, nourriture corporelle, M. Fips assurait, pour sa part, le soin de nourrir les jeunes cerveaux.

Certes, entre tous ses camarades, presque tous fils de négociants des environs, le nouvel élève d'*Arnold College* était vraisemblablement le seul capable de se tenir les jambes en l'air, en équilibre, sur la chaise du professeur, et de se présenter devant le tableau noir en exécutant le saut périlleux.

C'est que, dès l'âge de quatre ans, son père l'avait accoutumé à travailler avec lui dans son cirque ; Master Footit entrait en piste, apportant quelque chose de roulé dans un grand mouchoir : ce quelque chose, c'était le jeune Footit qui, sorti du mouchoir déplié, sautait à pieds joints sur les mains croisées de son père, puis sur les épaules, puis sur la tête ; et comme il était déjà facétieux, parfois, lorsque le père s'était allongé à terre pour se relever en force, le gamin feignait de trébucher et lui montait sur le nez...

(¹) Grand cirque Footit et Cⁱᵉ.

Cet enfant de
quatre ans n'était
pas très lourd, et
le nez de M. Footit
en avait vu bien
d'autres ; tout de
même, il fourrait
aussitôt Footit
junior dans le
mouchoir, il repla-
çait le mouchoir
sous son bras, et,
en s'en allant, le
bras serrait, un
peu plus qu'il n'eût
convenu, le mou-
choir : c'était la
façon de Master
Footit d'apprendre
à son fils le respect
paternel, et il va

sans dire que ce sont là procédés d'éducation qui devaient être peu courants dans les familles de négociants de Nottingham !...

Mais pour ce qui est des éléments de la grammaire et des premières notions d'arithmétique ou de géographie, le jeune Footit en savait presque autant que ses petits camarades du même âge ; car au cirque de Manchester, comme dans tous les cirques d'ailleurs, il y avait alors le « maître de ballet », qui avait mission d'utiliser les loisirs que lui laissait la mise en scène des pantomimes, en enseignant à lire et à écrire aux enfants de la « compagnie » : la pantomime, n'est-ce pas, en effet, ce qui rattache les cirques à la littérature ?

Le jeune Footit arrivait en somme à *Arnold College* avec cette supériorité qu'à un âge où bien des petits garçons rêvent de s'enfuir du collège pour aller s'engager dans un cirque, il avait déjà une vieille expérience des cirques alors qu'on le mettait au collège.

Je ne me dissimule pas que bien des jeunes gens qui liront ces lignes seraient ravis d'apprendre que l'élève Footit fut un terrible garçon, dont les tours pendables bouleversèrent *Arnold College*, et qui, par son indiscipline féconde en ruses ingénieuses, causa mille tourments à l'honorable M. Fips, et à Mme Fips, sa digne épouse.

Et je sais aussi que, par contre, bien des parents me sauraient gré de pouvoir citer à leur fils l'irréprochable conduite et l'application exemplaire de l'élève Footit :

— Plus tard, tu feras ce que tu voudras, des vers ou de l'automobile ; mais on est au collège, c'est pour travailler ; en tout, il n'y a que les bons élèves qui réussissent vraiment, — *Footit était un excellent élève !*

Eh ! bien, non, malgré le plaisir que nous aurions eu à ce qu'il se dégageât de tout ceci un petit enseignement moral, — non, Footit ne fut pas ce qu'on peut appeler un excellent élève ; et, dût notre récit y perdre un agrément notoire, il nous faut reconnaître également qu'il ne fut pas non plus le damné mauvais sujet ni le cancre exécrable, que, jeunes gens, vous vous plairiez à imaginer.

Sans doute il lui arriva bien, une nuit, au moyen d'un lasso mystérieusement confectionné, d'atteindre, avec une habileté d'Indien Siou, la cloche du réveil, qu'il se mit à agiter à toute volée, arrachant brusquement au sommeil maîtres et élèves et les jetant hors de leurs lits, affolés...

Mais justement n'était-ce pas pitié : être aussi merveilleusement doué pour combiner les farces les plus imprévues, avoir imaginé celle-là, ...et n'en avoir jamais recommencé d'autres !...

Pourtant M. Fips n'était pas bien sévère, en dépit de sa cravache ; d'ailleurs, cette cravache qu'il ne lâchait jamais, se rapportait seulement à une légende, d'après laquelle M. Fips, avant d'être gérant de collège, et surtout avant d'épouser Mme Fips, aurait été un cavalier fervent et émérite.

A la vérité, personne à Nottingham ni aux environs n'avait le souvenir d'avoir jamais vu M. Fips monter sur un cheval ; mais il n'était pas rare qu'on le rencontrât qui se promenait à pied à travers la campagne, en faisant, d'un bras encore vigoureux et alerte, tournoyer et siffler sa cravache : M. Fips aimait infiniment mieux se promener dans la campagne que de rester enfermé dans sa classe, — il avait, proprement, une âme virgilienne.

Ce sont ces goûts bucoliques qui l'avaient poussé à créer, à *Arnold College,* un cours de jardinage.

Il était attribué à chaque élève un petit carré de jardin que chacun ensemençait, plantait, cultivait et ornait à sa guise ; une vive émulation régnait entre tous ces jeunes jardiniers, car il était entendu que les plus belles fleurs seraient choisies par Mme Fips, pour les corbeilles de son salon, et quant aux légumes, le plus grand honneur était qu'ils fussent reconnus dignes de figurer sur la table, par la cuisinière.

C'était donc à qui se ferait acheter et envoyer par sa famille les graines les meilleures, les plantes les plus rares : un fuchsia superbe, que son père lui expédia de Manchester, valut une année, à Footit, le prix de jardinage ; — la vérité nous oblige à ajouter que c'est le seul prix que Footit ait remporté, durant les quatre ans qu'il demeura à *Arnold College.*

Il y avait cependant un autre cours auquel le jeune Footit s'appliquait avec une assiduité méritoire : c'est le cours de couture que, deux fois la semaine, professait l'excellente Mme Fips en personne.

Des esprits mesquins et mal tournés prétendront peut-être qu'en enseignant à ces jeunes gens à repriser leurs chaussettes et à recoudre les boutons de leurs chemises, Mme Fips poursuivait surtout une économie de lingères ?

Ne dites pas cela à Footit. De tout l'enseignement d'*Arnold College* c'est la seule chose qui lui ait vraiment servi à quelque chose : c'est grâce à Mme Fips et à ses leçons qu'il a su, par la suite, et toujours, confectionner ses maillots de clown ; maintenant encore, il se plaît à en assembler lui-même, à sa fantaisie, les pièces aux couleurs chatoyantes et bariolées...

Et en les assemblant, il songe à Mme Fips, — il n'a pas oublié Mme Fips

Mais il ne peut pas oublier non plus le pudding de Mme Fips.

CHAPITRE II

Le Pudding de Mme Fips

CHAPITRE II

Le Pudding de Mme Fips

L<small>E</small> pudding de Mme Fips était le fond de l'alimentation d'*Arnold College*, il en formait le principe et la base.

Invariablement, chaque repas débutait par ce pudding ; on apportait le pudding, et Mme Fips, qui présidait la table, remplissait les assiettes, impitoyablement ; et c'est seulement lorsqu'on était bourré de pudding : (— Mangez, mangez, insistait Mme Fips : il n'y a rien de plus sain que le pudding et de plus nourrissant !) — après cette cure de pudding, alors seulement apparaissait le maigre menu, — vraiment maigre, et vraiment menu — mais qu'importait, le pudding n'avait-il pas pris toute la place ?

Détestable et encombrant pudding de Mme Fips, moins détestable peut-être qu'encombrant : pendant quatre ans Footit a mangé ce pudding, et après trente ans passés, il lui semble parfois qu'il en mange encore !

Et voilà pourquoi Mme Fips, — Mme Fips à table : — Mangez, mangez, il n'y a rien de plus nourrissant! — voilà pourquoi la physionomie de Mme Fips a toujours hanté les rêves de Footit, et pourquoi chaque fois qu'il a dû, pour quelque pantomime, se grimer en vieille dame, tout naturellement, inconsciemment presque, il a imité le bonnet, et les lunettes, et les anglaises encadrant la figure, et la façon de s'habiller, et la démarche, et les attitudes, et les tics de la respectable et redoutable Mme Fips.

Ah ! du moins, les vacances délicieuses que, loin de Mme Fips, de ses œuvres et de ses puddings passait alors le jeune Footit !

Pendant ces mois d'été, qui sont les mois de vacances, le cirque paternel ne séjournait pas à Manchester ; on allait de ville en ville, au gré d'une tournée fructueuse, mais aventureuse ; si bien que, la première année, le prévoyant M. Fips, ne sachant où diriger exactement son jeune élève, et dans la crainte que, de l'adresse qu'on lui avait indiquée, le cirque de M. Footit ne fût peut-être parti, — le prévoyant M. Fips avait mis le petit Footit dans le train à Nottingham, avec, suspendue autour du cou, une petite pancarte sur laquelle il avait écrit de sa plus belle ronde : *Footit great allied circus.*

Et sans doute l'homme de cheval qui dormait au fond du régent d'*Arnold College* enviait, à part lui, l'heureux collégien qui, pendant deux mois, pourrait se livrer réellement aux joies profondes de l'équitation : et le doux M. Fips s'en revenait de la gare en faisant tourner sa cravache avec plus de mélancolie...

Le meilleur temps des vacances du jeune Footit était en effet consacré à l'équitation ; il ne paraissait plus sur la piste, mais, presque chaque jour, on lui faisait monter les petits poneys qui figuraient le soir, dans la « chasse au Renard », le classique numéro des cirques d'alors ; et sa grande fierté était de pouvoir accompagner ainsi à la promenade l'écuyère remarquable qu'était sa mère : quelles jolies chevauchées, quelles équipées étonnantes, à raconter, à la rentrée, à ses petits camarades ! quels admirables souvenirs de vacances !

Cette fois, par exemple, où il revint au collège, le visage tout balafré par les griffes d'un ours : oui, l'ours du cirque, l'ours cavalier, qui tournait sur la piste, monté sur ce même petit poney que, dans la journée on prêtait au jeune Footit ; il y avait peut-être de la jalousie, en effet, de la jalousie équestre dans la façon dont il avait égratigné son jeune rival qui avait culbuté dans la fosse où on le tenait enfermé !...

Mais quelles balafres glorieuses pour un collégien, au milieu d'autres collégiens qui tout au plus furent égratignés par le chat d'une vieille tante, ou par quelque impatiente et taquine petite cousine !...

Et le jeune Footit grandissait ainsi parmi l'admiration de ses petits camarades, et, sans éclat mais non sans prestige, sur les bancs d'*Arnold College,* usait ses premières culottes, qui n'étaient pas

La jeunesse de Footit.
Dès l'âge de quatre ans, Footit travaillait déjà avec son père.

cependant culottes de clown... Et puis un jour, comme il allait atteindre sa quatorzième année, un jour, en pleine étude, il fut brusquement mandé dans le cabinet où M. et Mme Fips tenaient leurs audiences.

Le vieux gentleman avait l'air plus triste et solennel que de coutume, et une émotion pas habituelle semblait colorer le visage d'ordinaire impassible de Mme Fips.

Une dépêche venait d'arriver, annonçant que le père de Footit était mort, et que la mère, d'urgence, rappelait son fils auprès d'elle.

L'enfant ressentit un gros chagrin, et, comme il ne faisait pas encore profession d'être clown, il n'eut pas à cacher ses larmes.

Son père, son maître, il songea qu'il ne le verrait plus, avec son maillot tout étincelant de paillettes, et sa perruque de folie, en haut de laquelle un papillon se balançait, — ce papillon qui l'intéressait tant, lui avait-on conté, lorsque son père, au moment de la représentation, se penchait sur son berceau pour l'embrasser, tout petit...

Il se rappela leurs exercices ensemble, et le grand mouchoir, dans lequel il lui sembla que, sur le moment même, il le serrait bien fort, — si fort que c'était son cœur qui, maintenant, s'en trouvait tout serré !

Et lorsqu'il eut fait ses adieux, rangé son bagage d'écolier, Footit descendit au jardin, — dans son jardin ; le fuchsia y était encore, le beau fuchsia donné par son père ; l'enfant cassa une petite branche...

Cette tige desséchée et ces feuilles fanées, Footit ne s'en sépare jamais.

La prospérité du « Footit great allied Circus » ne devait pas survivre longtemps à son directeur; la mère de Footit manquait de l'activité nécessaire pour assurer le succès de la considérable et difficile entreprise qu'est, avec son personnel, son matériel, ses chevaux, un grand cirque ambulant.

Et puis, le jeune Footit n'avait point tardé à sentir une autre influence grandissante dans la maison, une autorité à laquelle il se heurtait et dont il souffrait, celle de l'écuyer Batty, qui, par la suite, devait d'ailleurs épouser sa mère.

Ce Batty n'était pourtant pas un méchant homme, mais avec lui, sans savoir pourquoi, Footit n'arrivait pas à s'entendre; c'étaient constamment des discussions et des scènes où le jeune Footit s'irritait de voir que sa mère ne lui donnait pas toujours raison.

Tant qu'un beau jour Footit quitta brusquement le cirque maternel et se rendit à Londres, auprès de son oncle Sanger, dont la compagnie équestre était également fort avantageusement connue en Angleterre, et même sur le continent.

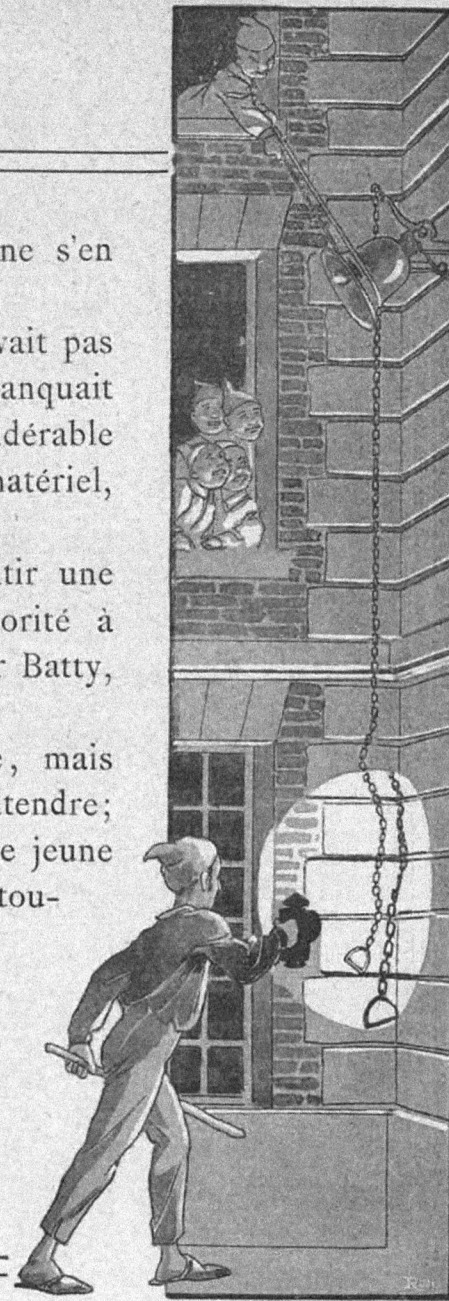

Une farce de Footit.

A la pension Fips, le jeune Footit se livrait à mille farces : une nuit il sonna la cloche et réveilla tous les élèves.

L'oncle Sanger, quand son neveu lui eut fait part des difficultés qu'il rencontrait chez lui, et de l'honneur qu'il sollicitait d'être engagé dans sa troupe, tout d'abord ne répondit rien ; ce n'était pas un bavard, ni un expansif, que l'oncle Sanger, c'était un homme d'action.

Donc, sans cesser de mâchonner le cigare éteint qu'il avait toujours au coin de la bouche — et que les jaloux l'accusaient même de « chiquer » un peu, — le directeur de la *Sanger's Company* dit que l'on allât chercher Tom o'Shanter et qu'on l'amenât sur la piste.

Tom o'Shanter était un cheval admirable, mais qui avait la réputation solidement établie et justement méritée de n'être pas commode.

Quand les hommes d'écurie virent, sur l'ordre de son oncle, Footit enfourcher Tom o'Shanter et piquer des deux, ils se poussèrent du coude, clignèrent des yeux, et se mirent à regarder tout de suite à terre, pour apercevoir aussitôt l'endroit où ce jeune téméraire allait infailliblement rouler dès le premier tour.

Mais la perspicacité des hommes d'écurie fut ici en défaut : contrairement à tout espoir et à toute apparence, Tom o'Shanter, sous la direction de Footit, s'était soudainement humanisé, — si tant est que l'on puisse dire d'un cheval qu'il s' « humanise » ; — le certain est qu'il avait trouvé son maître, et un maître qui lui plaisait.

Et quand, après quelques classiques exercices de haute école exécutés avec la sûreté et l'aisance la plus parfaite, Footit eut ramené devant son oncle un cheval qui se laissait conduire, vraiment, de la meilleure grâce du monde, l'oncle Sanger, ayant pris le temps de rallumer son cigare, ce qui était la seule façon qu'on lui connût de traduire ses émotions, l'oncle Sanger dit simplement :

— Tu débuteras demain soir, mon garçon !

Et c'est ainsi que Footit entra au cirque Sanger, et c'est comme écuyer du cirque Sanger qu'il allait faire sa première tournée en France.

Ah ! cette vie du cirque en tournée, l'arrivée dans les villes, la cavalcade !

Footit devait prendre part à la cavalcade, debout sur un char traîné de six chevaux ; et il n'a jamais oublié son angoisse quand, dans la première ville, à Dunkerque, il s'aperçut, au moment de partir, que ses camarades — farce classique et que l'on ne manque jamais de faire aux débutants — ses camarades s'étaient amusés à embrouiller ses rênes : et je vous laisse à penser s'il est facile de s'y reconnaître parmi les rênes embrouillées dont s'attellent six chevaux !

Footit ne se fâcha pas, en quoi il fut sage ; car il est important, dans cette existence nomade, de prendre allègrement les choses et de montrer que l'on a bon caractère ; c'est que l'on a sans cesse besoin les uns des autres, au hasard des étapes, selon les exigences de la route, et les mauvais coucheurs risqueraient de coucher parfois à la belle étoile...

En général, on compose des escouades de quatre, dont chacun, tour

CHAPITRE III

Les débuts de Footit

M. Fips,
*chef de l'institution
ou fut élevé Footit.*

CHAPITRE III

Les débuts de Footit

Mme Fips,
*que Footit caricatura dans
ses entrées comiques.*

CETTE souplesse de Footit, cette facilité tranquille et surprenante avec laquelle il accomplissait les sauts les plus prodigieux, tout cela trouvait merveilleusement son emploi dans les pantomimes fantastiques qui étaient une des spécialités du cirque Sanger, lorsque, l'hiver venu, rentrée à Londres, la troupe s'installait soit au Fasley Amphitheatre, soit à Covent Garden Circus.

Dans une pantomime notamment, *Ern le chasseur*, qui était alors célèbre, Footit qui, en maillot vert et, sur la tête, une ramure de cerf, personnifiait Ern lui-même, le chasseur maudit que poursuit la course infernale, — Footit, du toit d'une maison, devait s'élancer à la cime d'un arbre dont les branches, ployant puis revenant, le rejetaient dans la coulisse, de l'autre côté de la scène ; vous voyez que l'aventure de l'auberge n'avait pu que constituer pour lui un excellent entraînement.

Le triomphe d'*Ern le chasseur* fit, cette saison, du cirque Sanger le cirque à la mode ; et le duc de Clarence, qui avait l'honneur de recevoir, dans son château des environs de Londres, la reine Victoria et toute la famille royale, eut l'idée de leur donner, chez lui, le spectacle du cirque, et fit venir le cirque Sanger.

On dressa les tentes dans le parc ; il faisait un froid terrible, et Footit, qui devait paraître, débouchant du fond du parc avec ses six chevaux, Footit a gardé le souvenir d'une de ces onglées qui marquent dans la vie, ou pour le moins, dans les mains d'un homme !

Et il n'empêche que cette onglée demeure le plus beau jour de sa vie, — et pour un peu, vraiment, il se demanderait si ce grand froid lui vint de la température, et non plutôt de l'émotion, — l'émotion de « travailler » devant la reine !

Car Footit est un excellent Anglais, et un Anglais très loyaliste ; il se plaît à rappeler que le roi Edouard, alors prince de Galles, était un habitué de Covent Garden Circus, et qu'il le manda un soir dans sa loge, non pour de vains compliments, mais pour lui remettre une somme de cinq livres, qu'il le priait de boire, lui et ses camarades, à sa bonne santé !...

Après cette saison exceptionnellement brillante, le cirque Sanger quitta à nouveau Londres et le Covent Garden, et, comme l'année précédente, retourna en France.

Et ce fut, au cours de cette tournée, à Bordeaux, — il convient, en effet, de situer avec précision cet événement historique, — ce fut là que se décida la carrière de clown de Footit.

A la Pension Fips.

Mme Fips servait aux élèves, avant leur repas, un horrible et pesant pudding qui les empêchait de toucher aux maigres plats composant le menu.

On ne connaissait jusqu'alors, en dehors de la pantomime, on ne connaissait que Footit écuyer, Footit le propriétaire de Tom o'Shanter, — car Footit, comme tous les écuyers de haute école, avait dû acquérir ce cheval, son cheval, pour devenir libre maître de ses exercices et de son dressage.

Or, Footit avait deux passions : son cheval et le jeu ; et il advint que ces deux passions se rencontrèrent de la façon la plus malheureuse.

Dans un petit café qui, pendant leur séjour à Bordeaux, était le quartier général de tout le personnel du cirque, Footit faisait régulièrement, chaque jour, sa partie de poker ; et, régulièrement, depuis huit jours, il perdait tout ce qu'il voulait, tout ce qu'il pouvait, jusqu'au moment où, n'ayant plus un sou, il ne pouvait plus rien perdre.

Plus rien ? Et Tom o'Shanter ?

Tom o'Shanter contre vingt-cinq louis !...

Footit gagna les vingt-cinq louis ; mais en trois coups suivants, il reperdait les vingt-cinq louis, et, avec, Tom o'Shanter.

Et le pis est que le cheval avait été gagné par un écuyer, dont la femme cherchait précisément un cheval dressé avec lequel elle pût faire un numéro de cirque ; naturellement elle ne consentirait plus à prêter Tom o'Shanter à Footit ; elle se le réservait ; Footit était à pied, — et cette expression, quand il s'agit d'un écuyer, s'emploie vraiment dans toute sa force.

Que devenir ? il fallait vivre.

Et Footit demanda à prendre rang parmi les clowns de la troupe.

Footit me l'a dit, et je le crois aisément, ce n'est pas une mince préoccupation que de s'improviser clown.

Songez qu'il s'agira de parler, tout à coup, devant cette foule, sur cette piste, où l'on avait accoutumé d'évoluer en silence.

La première surprise, et la crainte d'entendre ainsi résonner sa voix !

Et cette voix sera-t-elle, non seulement claire, non seulement nette, mais

sera-t-elle « co-
mique », aura-
t-elle chance
de plaire au
public, de pro-
voquer son rire
et sa sympa-
thie ?

Car c'est le
premier point :
il faut qu'au

Footit quitte la pension Fips.

*Après la mort de son père, le jeune Footit arracha au jardin une
branche du fuchsia qui lui avait été donné par celui-ci.*

premier mot, une sorte de courant sympathique se soit établi entre
le clown et le public, sinon tous les efforts du malheureux, et ses grimaces,
et ses culbutes ne serviront à rien, n'atténueront pas l'échec lamentable et trop
fatal...

Donc Footit prononça les sacramentelles paroles :

— « Voulez-vous jouer avec moâ ? »

(Et sans doute, à l'instant même, pensait-il qu'il eût été préférable pour lui
de ne jamais proposer de jouer a personne, — de jouer, s'entend, au poker...)

— « Voulez-vous jouer avec moâ ? »

Un mouvement d'attention dans la foule, une rumeur joyeuse : le courant

sympathique était établi, Footit avait partie gagnée, il était sacré clown par le public bordelais.

Footit avait choisi pour son début une scène traditionnelle, celle du mannequin sur qui le clown fait pleuvoir en toute sécurité gifles et coups de pied, jusqu'à ce que le mannequin ayant été remplacé par un écuyer véritable, les coups de pied et les gifles se retournent, comme d'eux-mêmes et miraculeusement, contre le clown. Mais l'ingéniosité de Footit devait aussitôt s'exercer à la recherche de divertissements plus nouveaux.

Quelquefois, à ses débuts, comme il avait une physionomie fine et jeune, on l'avait habillé en femme, et quand il paraissait ainsi transformé, avec un tricorne coquettement posé sur sa perruque, le public, de bonne foi, avait été souvent émerveillé par la science et l'intrépidité de cette charmante écuyère.

Footit eut l'idée de recommencer la chose, mais en parodie, et c'est ce « numéro » de la parodie de l'écuyère qui établit sa réputation : après tout, c'était encore un souvenir de Tom O'Shanter !...

C'est dans cette parodie de l'écuyère que Paris applaudit Footit pour la première fois : au fond il déplaisait à l'oncle Sanger que son neveu, à qui il avait imposé le métier de clown comme une punition, y eût réussi ; Footit s'en rendait compte, et, sans qu'ils se fussent d'ailleurs fâchés ensemble, au lieu de rentrer en Angleterre avec son oncle, il vint à Paris, où il trouva bientôt un engagement à l'Hippodrome de l'avenue de l'Alma.

Paris est la ville qui consacre toutes les réputations, même celles des clowns.

Footit était déjà notoire quand, pendant la clôture de l'Hippodrome, il vint au Grand Cirque de Madrid donner une série de représentations.

Le premier soir, comme il y avait eu courses, ce jour-là, à Madrid, tous les clowns s'étaient habillés en toréadors grotesques, avec la petite natte au ras de la nuque.

Footit écuyer.
Après avoir quitté le cirque paternel, Footit débuta chez son oncle, directeur de la Sanger's Company.

Footit fit son entrée, très correctement vêtu en toréador, drapé majestueusement dans sa cape, — mais avec une longue natte de femme dans le dos, une longue et épaisse natte qui lui traînait jusqu'aux talons, et dans laquelle il trébucha d'abord deux ou trois fois de suite, pour venir enfin s'étaler de tout son long au milieu de l'arène.

Un tel rire, gros, énorme, retentit soudain, en dehors même du public, près de la barrière où se tient d'ordinaire le personnel du cirque, le personnel subalterne, que Footit, presque malgré soi, se retourna : un nègre était là, un petit nègre d'une quinzaine d'années, qui s'était faufilé parmi les écuyers, et qui riait, qui riait convulsivement, de toutes ses dents blanches...

Ce petit nègre, c'était Chocolat.

CHAPITRE IV

Le Nègre Raphaël

CHAPITRE IV

Le nègre Raphaël

Vous devez vous douter un peu et vous apprendrez sans surprise que Chocolat ne s'est pas toujours appelé Chocolat ; mais ce que l'on imagine moins aisément, c'est le nom, le joli nom, le mon musical et charmant, sous lequel il avait été baptisé : *Raphaël*. Chocolat s'appelle en réalité « Raphaël ». D'ailleurs, ce prénom gracieux est le seul témoignage que Chocolat puisse évoquer d'une sollicitude maternelle, c'est le seul héritage que lui aient légué ses parents.

Ses parents ? il ne les a jamais connus ; il ne connaît même pas son âge exact.

Enfant perdu, ou enfant trouvé, ce qui est la même chose, car on ne trouve que ce qui fut perdu, le petit Raphaël n'a conservé dans sa mémoire que l'image d'une grande et forte négresse qui l'avait recueilli et qu'il nommait sa mère de lait.

Cette négresse n'était pas tendre ; et lorsque, par la suite, Chocolat, devenu l'admirable clown que l'on sait, dut faire profession de recevoir des gifles, on peut dire qu'il ne manquait pas d'entraînement, en sorte que sa mère adoptive donna, inconsciemment, à Chocolat, l'éducation la mieux appropriée à sa carrière future : des gifles, c'est, en effet, à peu près tout ce qu'elle lui donnait...

Et Raphaël grandissait comme il pouvait, dans ce populeux faubourg de la Havane où la négresse avait sa case, et où, du matin au soir, il vagabondait et bataillait avec toute la fine fleur des galopins, ses pareils.

Pour être un des plus dépenaillés, et non des mieux nourris, le gamin n'en était pas moins un des plus robustes ; et comme un jour un autre polisson du quartier s'était avisé de l'appeler : « Sale nègre! » Raphaël (il devait avoir, alors, de huit à dix ans) notre Raphaël tombe sur l'insulteur à bras raccourcis, roule avec lui dans le ruisseau et commence à lui administrer une raclée telle, qu'il ne fallut rien moins que l'intervention d'un passant pour les séparer.

Le passant, très bien, important, avec une belle canne, une grosse chaîne de montre, et un grand chapeau gris de planteur : Chocolat le voit encore, devant ses yeux, comme si c'était hier, — le passant s'informe du motif de la rixe, examine Raphaël, l'interroge, apprend qu'il est seul au monde, à la charge d'une mère d'adoption, et brusquement, comme se décidant :

— Où habite-t-elle, ta mère de lait ? Mène-moi chez elle !

La case n'était pas loin ; quand la négresse voit arriver Raphaël en compagnie de ce Monsieur très bien, de ce personnage, elle ne doute pas que le petit ait fait quelque mauvais coup, et déjà se lève sa main vengeresse...

— Il ne s'agit pas de cela, dit l'homme : je te l'achète, combien en veux-tu ?

La négresse n'en croit pas ses oreilles, elle se fait répéter la proposition, et voici que maintenant elle se découvre pour Raphaël un attachement infini. elle ne peut se décider à se

Footit paraît devant la reine Victoria et le prince de Galles.

C'est dans le château du duc de Clarence, aux environs de Londres, que Footit parut pour la première fois devant ces illustres spectateurs

séparer de lui, elle ne se consolerait pas de sa perte, une perte inappréciable.

Elle finit pourtant par l'apprécier, au prix de dix-huit onces, sur lequel on tomba d'accord.

Et c'est ainsi que, pour dix-huit onces, Raphaël devint la propriété du señor Castanio, riche Portugais qui faisait, avec les Antilles, le commerce du riz et des céréales, et qui, venu pour passer des marchés à la Havane, en ramena ce petit nègre, par-dessus le marché.

Ce Portugais était fixé en Espagne, il avait ses comptoirs à Bilbao; c'est là que Raphaël débarqua d'abord avec son nouveau maître, et la ville, son animation, ses tramways, produisirent sur le jeune voyageur la meilleure et la plus agréable impression.

Mais ce n'est pas Bilbao que devait habiter Raphaël; le señor Castanio possédait, à une vingtaine de kilomètres, au village de Castrosopuelta une propriété, où il vivait avec sa mère, vieille dame très âgée mais encore fort alerte, qui, en l'absence de son fils, le plus souvent retenu à Bilbao ou parti en voyage, s'entendait le mieux du monde à gérer ses fermes, et eût rendu des points aux plus jeunes pour l'activité et l'autorité.

C'est pour elle que le señor Castanio, fils attentionné, avait songé à ramener Raphaël comme petit groom.

— On lui apprendra, ma mère, à mener la jument grise, pour vous conduire au marché...

— Croyez-vous, mon fils, que je n'aie plus d'assez bons yeux ou les poignets assez solides pour conduire la jument grise ?...

La vieille señora avait la manie, en effet, manie commune à beaucoup de vieilles et respectables dames, de voir en toutes choses, et dans les meilleures et dans les plus innocentes, de blessantes allusions à son grand âge...

Elle n'aurait, pour rien au monde, voulu montrer quelque satisfaction de l'agréable idée de son fils, et du présent qu'il lui venait faire de ce petit nègre.

Et cela, au reste, ne l'empêchait pas d'être enchantée, car Raphaël ne lui déplaisait pas, avec son allure décidée de petit homme qui n'a pas peur et sa grosse face épanouie ; et elle-même veilla à ce que, dans l'écurie où on l'installait, près de la jument grise, précisément, le petit eût une bonne paillasse, et suffisamment de couvertures.

CHAPITRE V

Les Premiers exploits du Rubio

CHAPITRE V

Les premiers exploits du Rubio

Acrobaties.

Dans la pantomime d'Ern le Chasseur, Footit, costumé en cerf, bondissait du toit d'une maison sur la cime d'un arbre.

L A vieille señora qui. Dieu sait ! n'était pas commode, tout de suite traita Raphaël avec bonté ; c'est qu'il ne rechignait pas à la besogne, toujours prêt à faire une course, et si vif, aussitôt parti, aussitôt revenu ! .. Qui donc prétendait que ces nègres étaient paresseux ?... Et, avec cela, d'une force étonnante pour son âge, et pas bête, et qui paraissait dévoué !...

Trop hâtif engoûment de la vieille señora, confiance, hélas ! excessive et qui précipita la catastrophe !...

Comme il arrive fréquemment à la campagne, le boucher du village ne tuait le bétail qu'une fois la semaine, et les habitants faisaient et payaient ce jour-là, pour toute la semaine, leur provision de viande de boucherie.

Croiriez-vous que telle devint rapidement la confiance de la vieille dame, qu'elle voulut s'en remettre à Raphaël du soin d'aller payer le boucher ?...

Hélas ! la chair est faible, — non pas la chair de boucherie, mais celle d'un petit nègre qui, il y a quelques mois à peine, se roulait dans tous les ruisseaux de la Havane ! — la chair est faible et la route était longue, de la ferme des Castanio jusqu'à la demeure du boucher !

La route était longue et fertile en jeunes polissons qui, pour être de Castrosopuelta, ne s'en seraient pas laissé remonter par leurs collègues havanais !... Quatorze francs ! Raphaël avait, sur lui, quatorze francs, que lui avait confiés la vieille dame ? Que ne peut-on faire avec quatorze francs !... Tout de même, on ne saurait acheter pour quatorze francs de sucre d'orge et de billes ; seulement, quand Raphaël eut été lâchement et malhonnêtement entraîné à dépenser quelque quarante sous, il ne pouvait cependant plus aller chez le boucher, puisqu'il n'avait plus la somme complète pour acquitter sa note...

C'est alors qu'un autre chenapan de son âge lui offrit la chance de compléter à nouveau la somme : on allait jouer à pile ou face, et peut-être ainsi regagnerait-il ses quarante sous ?...

Raphaël ne regagna rien, et, bien pis, il perdit jusqu'à son dernier centime, — ou plus exactement, jusqu'à son dernier maravédis (puisque cela se passait en Espagne)...

Oh ! la minute lamentable où le misérable et infortuné Raphaël se trouva, à mi-chemin entre le village et la maison de ses maîtres, sans un maravédis vaillant !

Tremblant de peur, rouge de honte, jamais le pauvre négrillon ne s'était senti moins blanc!

Qu'allait dire la vieille señora? Rentrer auprès d'elle, il n'y voulait pas songer.

La déveine de Footit.

A Bordeaux, dans une partie de cartes qui décida du sort de sa vie, le jeune écuyer joua et perdit son cheval. Privé de sa monture, Footit dut se résigner à occuper à l'avenir l'emploi de clown; on sait le succès qu'il y remporta depuis ses débuts jusqu'à ses triomphes du Nouveau Cirque.

Et comme la nuit venait, et que, brisé par tant d'émotions, Raphaël éprouvait le besoin de se reposer, de fermer les yeux, d'oublier, il pénétra dans un champ de blé qui bordait la route, et s'étant étendu derrière une gerbe, il s'endormit, sinon du sommeil du juste, du moins d'un sommeil profond.

Or, quand le chant des moineaux francs et des alouettes l'eut réveillé, à l'aube, voici que, sortant sa tête peureuse d'entre les épis, il aperçoit un gendarme qui passait sur la route, faisant sa ronde.

Comme tous les gens qui n'ont pas la conscience nette, la seule vue de ce gendarme suffit à bouleverser Raphaël; pas de doute, on le recherche, on veut le conduire en prison, déjà les Castanio ont mis la maréchaussée à ses trousses...

Et le voilà qui s'affole, qui se met à courir, d'une allure désordonnée, à travers champs, appelant ainsi sur lui l'attention du gendarme, qui, voyant quelqu'un se sauver à son approche, naturellement, lui aussi, se met à courir...

Chocolat sait, en effet, depuis l'enfance, ce que c'est que de fuir, à perdre haleine, devant les gendarmes, devant le gendarme de Castrosopuelta : et, cette fois, je vous assure bien qu'il n'avait pas envie de rire !

Raphaël, toujours serré de près par le gendarme, finit, de guerre lasse, par prendre le chemin de la ferme, pour se réfugier auprès de Mme Castanio, se jeter à ses pieds, implorer son pardon...

L'excellente vieille señora, qu'avait fort inquiétée la brusque disparition de l'enfant, l'accueillit sans sévérité, et même, pour ce qui était de l'argent, — malgré qu'elle eût réputation d'être assez avare, — ne voulut point paraître trop irritée.

Elle pensa, avec une grande bienveillance, qu'il y avait un peu de sa faute, qu'il ne faut pas tenter le diable, ni, par conséquent, les petits nègres, qui sont noirs comme lui, et qu'avant de charger Raphaël de missions si délicates, il convenait, sans doute, de le mettre mieux à même de s'en rendre digne, et, pour cela, de s'occuper un peu de son éducation, fort négligée, comme on a pu voir, à la Havane...

Et la conclusion de la señora fut qu'on allait envoyer Raphaël à l'école.

Echapper au gendarme pour tomber sous la férule du maître d'école de Castrosopuelta... Pauvre Raphaël !

Battu pour battu, Raphaël préférait du moins avoir goûté, auparavant, les bénéfices de l'école buissonnière.

Et vraiment, pour Raphaël, buissonnière n'est pas assez dire : les buissons, fi donc ! il lui fallait des arbres, les grands arbres, les plus grands arbres, tout en haut desquels il grimpait pour y dénicher des oiseaux...

Et c'est en haut d'un arbre qu'un beau jour, balancé par le vent, il balança en effet, comme jadis Hercule, entre le vice et la vertu, ou tout au moins, entre la règle et l'aventure.

Du haut de cette sorte d'observatoire, où il s'était réfugié, et où il flânait parmi les branches, il distinguait ici, tout près, la ferme des Castanio, la vieille señora traversait la cour, dans un pré voisin on avait mis au vert la jument grise...

Et là-bas, tout là-bas, n'étaient-ce pas les fumées de Bilbao, n'était-ce pas la ville qu'il devinait derrière le lointain horizon ?...

La ville ! et son âme de petit faubourien se prit à rêver du divertissement des rues, de tout ce que la vie y prend de variété, d'imprévu...

La ville !...

Il jeta un coup d'œil sur la calme maison, sur la vieille señora, qui, un instant, s'était arrêtée, au milieu de la cour, et donnait à manger à ses poules...

Il eut un dernier regard pour la jument grise...

Et puis, s'étant laissé glisser au bas de l'arbre, résolument, à grandes enjambées, le petit Raphaël prit le chemin de Bilbao.

C'est sur un banc de square que Raphaël fit, dès l'arrivée, son premier déjeuner à Bilbao.

Ce premier déjeuner, parbleu, cela allait tout seul : n'avait-il pas le petit panier de provisions qu'on lui donnait chaque jour à emporter à l'école ?

Les difficultés commenceraient avec les repas suivants ; Raphaël n'avait pas un sou, car vous pensez bien qu'on avait cessé de lui confier la moindre somme, depuis la fâcheuse histoire des quatorze francs.

Et avec cela, il ne pouvait guère songer à rien garder en réserve de ce déjeuner, à économiser, comme on dit, sur la nourriture : sa course matinale jusqu'à Bilbao lui avait donné un appétit de tous les diables, et aussi bien, pour se mettre à la conquête du monde, le premier point était d'avoir l'estomac solidement lesté.

Tout de même, en dépit de l'optimisme naturel aux personnes qui sont en train, fût-ce pour la dernière fois, de manger convenablement, à leur faim, l'optimisme du jeune Raphaël n'allait pas sans une certaine inquiétude, à mesure

que disparais-
saient les der-
nières bou-
chées de ce
jambonneau,
qu'excellait à
confectionner,
à castrosopuel-
ter Mme Cas-
tanio, dans les
grandes cui-
sines de la fer-
me ; et il en
venait à penser
que si la liberté
est vraiment
une très belle

**Première rencontre de Footit
et de Chocolat.**

*Dans un cirque de Madrid, à la fin d'une représentation où Footit caricaturait les toréadors, un jeune négrillon
s'était glissé entre deux écuyers pour voir de plus près le clown... ce petit nègre c'était Chocolat !*

chose, c'est vraiment aussi une très bonne chose que le jambonneau...

— Eh bien, le Rouquin, tu te régales ?...

CHAPITRE VI

Les Tribulations d'un Négrillon

CHAPITRE VI

Les Tribulations d'un Négrillon

LE nouveau venu qui, s'approchant du banc, apostrophait notre négrillon avec ce sans-gêne ironique — le Rouquin !... — le nouveau venu appartenait à cette classe de petits jeunes gens, dont les faubourgs de Paris sont les premiers de l'univers civilisé à s'enorgueillir, mais que l'on trouve poussant également entre les pavés de toutes les villes : classe qui comprenait Gavroche, et qui renferme, par la même occasion, tout ce que l'on compte au monde de « petits voyous ».

Celui-là, — il pouvait bien avoir dans les quatorze ans, — tenait le milieu entre le « petit voyou » vulgaire et le légendaire Gavroche ; et les circonstances sont, pour nous, demeurées obscures, qui l'avaient emmené à Bilbao, des quais de Bordeaux où il était né.

Tout ce dont Chocolat se souvienne, sur ce compagnon de jeunesse qu'il a complètement, par la suite, perdu de vue, c'est qu'il s'appelait Bertrand, et qu'on le surnommait couramment Trompette.

Qu'est devenu Bertrand dit Trompette ? Et qui sait si la publicité de ces lignes ne permettra pas que Chocolat retrouve son camarade Trompette dans quelque industrie notoire, quelque puissant banquier, et, a tout le moins, un millionnaire ?

Car Bertrand, dit Trompette, avait le génie des affaires.

A peine Raphaël avait-il eu le temps de mettre son jambonneau en sûreté, en en avalant précipitamment les dernières bouchées, et à peine avait-il fait mine de repousser d'un poing un peu brusque l'intrus, — Trompette avait d'ailleurs savamment esquivé le coup, — l'intrus qui s'avisait de l'interpeller irrespectueusement, en raillant son visage noir :

— Bien, bien, c'est entendu, dit Trompette : tu es nègre, tu es fort, tu as bon appétit ; maintenant, veux-tu une cigarette ?...

La mauvaise humeur de Chocolat ne pouvait tenir contre une offre si courtoisement faite, et puis, dans cette grande ville où il ne connaissait personne, quelqu'un avec qui causer, quelqu'un de son âge, qui le renseignerait un peu, et qui paraissait assez débrouillard...

Certes, le jeune Trompette était débrouillard, et tout de suite, aux premières bouffées de tabac, il exposait à son camarade émerveillé, le plan d'une collaboration admirable, d'une association extrêmement fructueuse

Il s'agissait de guetter les voyageurs, les étrangers, à l'arrivée des trains, à la descente des tramways, pour porter leur colis, leur indiquer l'hôtel, les guider dans la ville.

A travailler seul, les bénéfices risquaient d'être incertains, car, parfois, pendant que l'on accompagnerait, pour un profit médiocre, le voya-

On vend Chocolat !
— *Combien veux-tu de ce petit nègre ? demanda le señor Castanio à la vieille négresse.*

geur de tel tramway, on manquerait, au même instant, le pourboire princier du voyageur qu'amènerait le train ou le tramway suivant.

Et puis, Raphaël était nègre : c'est une grande qualité dans le métier, cela flatte beaucoup de personnes, qui aiment à faire porter leurs valises par un nègre.

Quant à lui, Trompette, moins vigoureux que Raphaël, il en faisait loyalement l'aveu, il était plus apte, sans doute, aux fonctions de commissionnaire et de guide, plus « chasseur » que « portefaix », — mais, justement, à eux deux, ils se compléteraient merveilleusement, ils étaient armés pour opérer le « trust » des voyageurs de Bilbao : à eux deux, ils soulèveraient le monde, — ou du moins les bagages de tout le monde.

N'avions-nous pas raison de le proclamer, que Bertrand, dit Trompette, avait le génie des affaires ?...

Et le malheur fut que, peut-être, il poussait même ce génie parfois un peu loin.

Raphaël, en effet, l'honnête et consciencieux Raphaël, ne tarda pas à s'apercevoir que plus lui, Raphaël, rapportait d'argent, le soir, à la masse commune, moins Bertrand semblait avoir été favorisé ; ce sont les jours où l'on avait le plus travaillé, les jours où Raphaël, à la sueur de son front, avait atteint des chiffres fabuleux, inespérés et jusqu'à des cinquante sous — ces jours-là Bertrand avouait des gains insignifiants, dérisoires.

Et, comme l'argent de Bertrand devait être confondu avec celui de Raphaël, pour que le total en fût ensuite rigoureusement et également partagé, les résultats de l'association apparaissaient, comme on le voit, et de la façon la plus outrageusement manifeste — apparaissaient surtout avantageux pour Trompette.

Raphaël le constatait, mais sans acrimonie et sans dépit, estimant légitime, après tout, que Bertrand, qui en avait eu l'idée, fût le plus favorisé dans cette association qui, au début, l'avait tiré de peine.

Cependant, après des commencements assez heureux, l'entreprise ne prospérait guère ; il avait fallu compter avec la concurrence des commissionnaires plus anciens, patienter avec la rivalité hostile des portiers d'hôtel.

Et puis, voilà-t-il pas qu'un beau jour, alors qu'il se précipitait sur un voyageur dont le bagage nombreux et l'apparence cossue lui semblaient du meilleur augure, Raphaël avait reconnu dans ce voyageur cossu le señor Castanio, son ancien maître !

Certes, le señor Castanio avait dès long-temps pris son parti de l'ingrat abandon de son groom havanais, et, bien qu'il sût parfaitement ce qu'il était devenu, il ne l'avait jamais poursuivi, jamais il n'eût songé à lui nuire ni à entraver sa carrière nouvelle.

Présentation

Chocolat devint le groom de la señora Castanio.

Il n'empêche que Raphaël, que le hasard n'avait pas encore remis face à face avec le señor Castanio, Raphaël en éprouva un vague et soudain malaise, et, plutôt que de rester face à face, en effet, avait préféré prestement lui tourner les talons...

Or, en rentrant, à l'improviste, tout ému et tout essoufflé, dans la petite chambre qui abritait la raison sociale « Raphaël et Trompette », il trouva là ledit Trompette, qui ne l'attendait guère, car c'était l'heure où Raphaël était « de service » à la gare...

Ledit Trompette usait de sa solitude pour coudre soigneusement, dans la doublure de son veston, les menus profits de sa journée, dont son associé put constater, à cette heure, qu'il avait été ainsi quotidiennement frustré.

La raison sociale « Raphaël et Trompette » prit fin à l'instant même, devant la flagrante indélicatesse de Trompette...

Que devint, par la suite, Bertrand, dit Trompette ? Encore une fois nous n'en savons rien, et présumons simplement qu'un jeune homme si bien doué n'a pu manquer d'édifier une fortune — fortune dont les premiers éléments auront été les économies qu'il avait si ingénieusement réalisées aux dépens du trop confiant Chocolat.

Quant à Chocolat, séparé de Trompette, et séparé dans ces conditions que l'on devine peu cordiales, il ne voulut point persister dans un métier qui lui avait si mal réussi, et qui, d'ailleurs, devenait chaque jour moins florissant et plus difficile.

Aussi bien la perspective ne lui souriait guère de se retrouver en concurrence avec le subtil et dangereux Trompette — non plus que de s'exposer encore à rencontrer le señor Castanio.

Bien souvent des camarades, devant qui il se plaignait des incertitudes de son métier de portefaix, de la mauvaise foi des clients, et de la morte-saison, lui avaient parlé des mines qui sont aux environs de Bilbao, et où, pour un gaillard robuste comme lui, et sérieux, il y avait à se créer une jolie situation, rien qu'à porter le minerai, une situation stable avec, pour le moins, quarante sous d'assurés par jour...

Sans comp-
ter que, pour un
nègre, il y avait
en plus cet avan-
tage que l'on ne
craignait pas de
se noircir les
mains !

Et, coura-
geusement, Ra-
phaël s'en fut se
faire embaucher dans les mines.

Chocolat perd l'argent qu'on lui a confié !

Chocolat portait au boucher le prix d'une facture, mais il joua et perdit l'argent. Qu'allait-il faire ?

Le pauvre Raphaël connut là des heures peu drôles ; sans doute, son existence était assurée, mais quelle existence !

Perpétuel et monotone va-et-vient, avec la hotte de minerai pesant sur les épaules, et, à la cantine, les maigres repas, et le coucher dans une cabane de planches...

La seule distraction c'était, le dimanche, de venir noyer les ennuis et les fatigues de la semaine dans les cabarets de Bilbao.

Il faut dire que Raphaël y avait acquis une honorable notoriété ; c'était un jovial compagnon, toujours prêt à rire des bonnes histoires que racontaient les

orateurs de la bande, et qui, non plus, ne rechignait pas à payer à boire, lorsque c'était son tour.

Et puis, sa force, déjà remarquable, s'accroissait avec l'âge; lorsqu'il y avait là un nouveau venu, il lui tenait volontiers un pari, comme de le soulever à bras tendu, sur une chaise...

Et comme le pari consistait toujours à s'abreuver de limonade, toute l'assistance y gagnait de contempler un bel exercice, et de boire abondamment après, sans compter que le cabaretier avait, lui aussi, le plaisir de vendre sa limonade.

Raphaël était donc très avantageusement connu dans les cabarets de Bilbao.

CHAPITRE VII

Au Cirque Tony Greace

CHAPITRE VII

Au Cirque Tony Greace

Un beau dimanche, alors que Raphaël, pour la plus heureuse aubaine des gosiers présents, exécutait un semblable tour, un gros monsieur, qu'accompagnait une dame de mise assez remarquable, s'arrêta, pour regarder, devant la porte du cabaret grande ouverte...

Poursuite !
Chocolat n'avait pas la conscience tranquille, il s'enfuit à toutes jambes, à la vue du bicorne d'un gendarme.

— Il nous en faudrait un comme ça, dit le gros monsieur à sa compagne, lorsque Raphaël eut terminé, aux applaudissements de tous.

La dame approuva, et convint de bonne grâce « qu'il leur en faudrait un comme ça ».

— En somme, reprit le gros monsieur, il n'a pas l'air d'un capitaliste, et il accepterait peut-être. Si nous lui demandions ?

— On peut toujours lui demander, acquiesça la dame.

Ils pénétrèrent dans la salle, et, d'abord, le gros monsieur dit ces simples mots :

— Je suis Tony Greace !

Tony Greace, le clown fameux dont les affiches, depuis une semaine, couvraient les murs de Bilbao !

Et, sans paraître attacher d'importance à l'émotion flatteuse que cette déclaration solennelle n'avait point manqué de produire, comme bien on pense, il reprit :

— Je suis Tony Greace ; — et, dit-il, en présentant sa compagne, voici la femme de Tony Greace ; — et il ajouta, désignant Raphaël, qui s'était approché avec admiration du célèbre clown.

— Et voilà, ajouta-t-il en frappant sur l'épaule de Raphaël, et voilà l'élève de Tony Greace, s'il plaît à ce vaillant jeune homme d'embrasser la carrière artistique et d'entrer dès aujourd'hui à mon service !

Et emmenant près d'une table, à l'écart, Raphaël étourdi, bouleversé, muet, et l'asseyant entre sa femme et lui :

— Vingt sous par jour, nourri, logé, blanchi, — tu m'entends, jeune nègre, *blanchi*, — et Tony Greace éclata de rire, trouvant cette allusion infiniment piquante et plaisante ; et Raphaël, avec complaisance, se mit à rire, lui aussi :

— Hi ! hi ! blanchi !...

— Allons ! dit Tony Greace, je vois que tu es intelligent ; je ferai quelque chose de toi ; je t'apprendrai à devenir un véritable artiste, — je t'apprendrai à recevoir des gifles !...

— Je sais déjà, dit modestement Raphaël.

— Je t'apprendrai à en donner !...

— Je sais aussi, murmura à nouveau Raphaël, encore plus modeste.

— Alors, c'est dit ? Je t'emmène. Ta garde-robe me semble un peu sommaire... Madame Tony Greace, vous allez donner, tout de suite en rentrant, un de mes vieux pantalons au jeune homme. Le pantalon sera, sans doute, un peu large de ceinture, mais il suffira de le faire tourner deux fois autour de la taille du jeune homme, c'est plus confortable, et on attache avec une ficelle.

Tony Greace avait prévu juste, le pantalon était un peu large : pour les personnes qui désireraient fixer ce point d'histoire, il n'est pas inutile de rappeler, en effet, que Raphaël alors n'avait pas seize ans, et que Tony Greace pesait environ deux cent cinquante livres.

Tout de suite, on mit le néophyte au courant de ce qu'il avait à faire ; peu à peu, plus tard, Tony Greace, avec son collaborateur fidèle, Tonitoff, l'initierait à des besognes plus délicates, comme de figurer les pattes de devant ou d'arrière de l'éléphant ou du taureau...

Pour le moment, sa mission se bornerait à tenir à la disposition de Tony Greace les différents accessoires dont il pouvait avoir besoin, quand il l'appellerait, à l'entrée de la piste...

— Au fait, comment t'appelles-tu ? demanda Tony Greace.

— Raphaël !...

— Raphaël ? Ce n'est pas un nom !

Raphaël reprit bien vite :

— On m'appelait aussi, quelquefois, « le Rubio »...

— Ah ! ah ! le rouquin, « le joli blond », à la bonne heure, voilà des noms !

Et maintenant, mon vieux rouquin, lorsqu'on a la chance, comme toi, d'être un nègre pour de bon, le vrai comique, le fin du fin, c'est de se faire passer pour un faux nègre.

Et, sur l'ordre avisé du sagace Tony Greace, dorénavant chaque soir, au moment de paraître en public, Raphaël le Rubio dut se frotter le plus maladroitement possible les mains et la figure avec un bouchon noirci...

En dépit de ses succès, de son nom déjà populaire, et du très bel engagement qu'à son retour de Madrid on lui avait offert et fait signer au Nouveau-Cirque, Footit était mécontent, inquiet : mécontent de lui-même, s'entend, et pure inquiétude d'artiste !

Tentation.

Pour retourner à Bilbao, Chocolat décida de quitter la señora Castanio.

Eh ! oui, dans ce métier de clown, qu'un coup de fortune lui avait imposé, et où, du premier jour, il s'était révélé un maître, il s'en voulait de ne point chercher à réussir par d'autres moyens que les anciens et les vulgaires, il sentait qu'il y aurait autre chose à trouver et mieux à faire que les classiques grimaces et ces cabrioles surannées ; et si vraiment l'essence du comique, pour les clowns, est de donner des gifles et d'en recevoir, c'est là surtout que devrait se vérifier l'axiome que « la façon de donner vaut mieux que ce qu'on donne » —, et ce n'est pas tout de recevoir les gifles, mais, comme dit l'autre, il y a « la manière »!..

Et Footit cherchait du nouveau, combinait, et s'ingéniait ; et il s'attristait, s'irritait, à voir que ses efforts n'aboutiraient à rien, qu'il lui fallait, en fin de compte, se résigner aux farces traditionnelles, en revenir à de sempiternelles calembredaines, faute de quelqu'un qui cherchât avec lui, qui dans le même mouvement et à point nommé, fût en mesure de lui donner la réplique.

Sans doute, il y a bien les écuyers, les messieurs en habit bleu qui font la haie à l'entrée de la piste, et que le clown peut prendre à partie, qui lui serviront de compères, de mentors ou de dupes...

Mais n'avez-vous pas remarqué avec quelle mauvaise humeur évidente, l'homme interpellé « Monsieur Alfred », ou « Monsieur Lucien », répondra à l'invitation du clown, et combien il se prêtera peu volontiers, et gauchement, et visiblement à contre-cœur, au rôle indiqué ?

Il semble que Monsieur Lucien, ou Monsieur Alfred, tiennent à marquer les distances, et à établir que s'ils daignent s'intéresser à l'entrée de ce paillasse, c'est par pitié, par condescendance, — mais qu'on le voie bien et qu'on ne l'oublie pas — que ce n'est pas là leur métier.

Evidemment, on ne demanderait pas à Monsieur Alfred, ni à Monsieur Lucien, d'y mettre de la fantaisie, — mais le pis est qu'ils manquent totalement de bonhomie et de cordialité.

Il faut ajouter que ce personnel d'écuyers se renouvelle constamment, que les attributions de chacun peuvent se trouver à tout instant modifiées, en sorte que le clown qui, la veille, avait tant bien que mal réglé une entrée avec Monsieur Lucien, arrive en piste au moment où Monsieur Lucien est aux écuries, et ne trouvera pas davantage à se rabattre sur Monsieur

Alfred, qui n'a que cette minute pour se préparer aux jeux icariens...

Quant à faire appel à la collaboration d'un autre clown, c'est une entreprise bien délicate et à laquelle, selon toute apparence, il sera plus raisonnable et plus sage de ne pas songer.

Les clowns ne seraient pas des artistes, si leur âme ne connaissait pas la jalousie professionnelle ; et les clowns sont des artistes, quelques-uns même de très grands artistes...

Je dois dire, pour être exact et pour être juste, je dois dire qu'à la ville, et jusqu'à la représentation exclusivement, les clowns, plus que d'autres peut-être, se montrent entre eux serviables et bons camarades ; volontiers, l'un à l'autre, ils s'enseigneront un tour difficile.

Et dans ces répétitions étonnantes que sont les répétitions de clowns, — car chaque jour il est indispensable que les clowns viennent « répéter »,

Sur un banc, à Bilbao, Chocolat   *fit la connaissance de Trompette.*

c'est-à-dire, pour le moins, se rouler sur la piste, marcher quelque peu sur les mains, exécuter deux ou trois sauts périlleux, bref ne pas laisser s'endormir et s'engourdir leurs muscles, — donc, à la répétition, il n'est pas rare de voir un clown expliquant à un camarade le mécanisme d'un tour, et tous se piqueront d'émulation, et, de la meilleure grâce, révéleront leurs secrets, s'entr'aideront pour la réussite d'un exercice, indiqueront, en décomposant les mouvements, « comment ils font ça... »

Mais, dame, une fois devant le public !

Devant le public, c'est chacun pour soi ; et, ma foi, chacun pour soi, cela finit toujours par signifier que l'on est contre les autres, et qu'on se laissera aller, par exemple, à « abîmer » leurs effets.

« Abîmer les effets », cela consiste, de la part du clown qui paraîtra le premier, à faire un peu de tout ce qui constitue le répertoire général et ordinaire des clowns, équilibre avec les chapeaux, chute comique le long des banquettes, excès d'un zèle inutile et grotesque, parodie de l'écuyer...

En sorte que, lorsque viendra l'entrée suivante, le clown qui comptait sur l'un de ces « numéros » pour faire son « effet », trouvera cet effet déjà brûlé, ou du moins diminué, « abîmé ».

Certes, on n'abîme pas les effets d'un clown comme Footit ; les « maîtres » inspirent un certain respect, respect qui a d'ailleurs besoin d'être soigneusement surveillé et entretenu, par celui qui veut en bénéficier, et pour cela, doit toujours s'en montrer digne.

Footit en avait fait récemment l'épreuve : un directeur de cirque russe, par des promesses magnifiques, l'avait entraîné assez brutalement à rompre son engagement au Nouveau-Cirque, et, une

Chocolat aux mines de Bilbao.

Le jeune nègre, qui ne craignait pas de se noircir le teint, s'engagea, pour gagner sa vie, dans les mines de Bilbao.

fois à Saint-Pétersbourg, Footit avait constaté qu'a beau promettre qui promet de loin, et, qu'en tous pays d'Europe, promettre et tenir font deux.

Il avait donc dû repartir presque aussitôt et plutôt piteusement, et, assez penaud, solliciter sa réintégration dans ce Nouveau-Cirque qu'il avait quitté en faisant claquer les portes.

Naturellement, à la première répétition, après sa fugue malheureuse, Footit fut accueilli par mille clignements d'yeux sournois, et des airs entendus, et des quolibets, et des ricanements sans nombre. Il comprit qu'il lui fallait à toute force, — et de préférence par la force, — affirmer à nouveau sa supériorité, reprendre sa place.

Le plus hardi parmi les railleurs s'approchait de lui en se dandinant, et prononçait d'une voix gouailleuse :

— Eh bien, monsieur Footit, monsieur Footit est donc revenu ?

En silence, très flegmatique, Footit enleva son veston.

Après quoi, toujours flegmatique, toujours silencieux, il flanqua, — c'est la véritable expression, — il flanqua, par principes, un tel coup de poing dans le creux de l'estomac, à son interpellateur, que ledit interpellateur s'assit par terre, sans avoir pu se préoccuper de savoir s'il y avait un siège derrière lui pour le recevoir.

Puis, avec le même flegme, Footit remit son veston.

Et, seulement alors, rompant le silence, il dit à l'interpellateur, qui, légèrement étourdi, était demeuré assis :

— Vous voyez, donc M. Footit est revenu.

Et là-dessus, la répétition reprit comme si de rien n'était, tout tranquillement et le plus cordialement du monde : Footit avait reconquis son prestige, et nulle crainte que l'on se risquât, plus que précédemment, à « abîmer ses effets ».

Mais Footit savait bien que c'est le maximum de ce qu'un clown peut attendre de ses confrères ; ils ne l'empêcheraient pas d'avoir du succès, son succès, c'est entendu, mais pour ce qui serait de s'y associer, d'y aider, d'y contribuer, il n'y fallait pas songer.

Et Footit se désespérait à la pensée de tout ce qu'il y avait là, pourtant, dans sa tête de clown novateur, de tant d'idées comiques que rendait irréalisable l'impossibilité de trouver une collaboration, quelqu'un qui voulût bien, et de franc jeu, « jouer avec lui »...

CHAPITRE VIII

L'Association Footit=Chocolat

CHAPITRE VIII

L'Association Footit-Chocolat

Sur ces entrefaites arriva à Paris le fameux Tony Greace qui, au cours d'une tournée d'Europe, avait été engagé au Nouveau-Cirque pour une série de représentations.

Le soir où il débuta, Footit vint, après son « numéro », le féliciter en bon camarade.

Tony Greace avait présenté la parodie du maître de manège, exercice où Footit lui-même devait, par la suite, faire preuve d'une si prodigieuse drôlerie ; et, dans un coin de la loge, l'étonnant cheval se « déshabilla ».

Des pattes de devant sortit Tonitoff, l'élève de Tony Greace que Footit connaissait déjà.

Et puis, ce fut un nègre qui, débarrassé des pattes et du train de derrière de l'animal postiche, pour le compte duquel il venait de cavalcader, ce fut un nègre qui parut devant Footit :

— Un nègre, et vous le cachez ? dit Footit à Tony Greace ; alors, à quoi bon avoir un nègre ? Et il a une très bonne figure !...

Et après avoir serré la main de Raphaël, car c'était lui, — et Raphaël n'était pas médiocrement fier que le grand Footit, qu'il avait tant admiré et applaudi à Madrid, lui trouvât une bonne figure, — Footit se retira tout pensif, car il songeait qu'un nègre eût été pour lui, vraiment, le comparse rêvé, la face noire du nègre à côté de son masque enfariné de clown, — et puis tout ce qu'un nègre évoque immédiatement de gaîté communicative, et d'ahurissement joyeux...

Mais Raphaël était à Tony Greace, et Footit se fût fait scrupule de chercher à priver de ses services un confrère. Raphaël était encore plus au service de Mme Tony Greace qu'à celui de son mari. Paris l'amusait, surtout, depuis qu'il avait découvert les Tuileries, et, aux Tuileries, le Guignol, dont il était devenu un spectateur, — spectateur « à la corde », bien entendu, — mais qui n'en était que plus assidu et enthousiaste.

Tant qu'il avait fini par être déjà populaire parmi le petit public d'habitués, et que c'est pour la joie de ces habitués, — des vieux habitués de cinq ans et demi, — que Guignol s'avisa, un jour, d'interpeller le nègre qu'il apercevait toujours fidèlement posté derrière la corde :

— Eh ! là-bas, *le Chocolat !*...

Et telle est l'origine du nom qui, ayant fait fortune parmi les enfants du quartier, fut répété de la rue de Rivoli à la rue Saint-Honoré, et finit par franchir les portes du Nouveau-Cirque.

Raphaël ne s'arrachait qu'à contre cœur aux délices de ces spectacles, et il ne se passait guère de jour sans que Mme Tony Greace ne protestât auprès de son mari contre l'inutilité d'un domestique qui n'était jamais là.

Pourtant Tony Greace hésitait à se séparer de ce garçon.

Et sans doute l'aurait-il, sa série de représentations terminée, emmené avec lui en Allemagne, et peut-être ainsi ne se fût jamais créée l'admirable raison sociale, — *folie* serait ici plus juste que *raison*, — la raison sociale Footit et Chocolat, — sans l'incident du dîner de baptême.

Les Tony Greace, qui avaient un jeune bébé, avaient voulu le faire baptiser avant de quitter Paris, et ce baptême leur fut un prétexte à convier à dîner tous leurs amis.

Chocolat et Tony Greace.

Un jour que Chocolat portait sur une chaise un de ses compagnons de cabaret, le clown Tony Greace survint et lui offrit de l'engager.

Le soir du dîner, Chocolat, qui devait servir à table, arrive en retard comme d'habitude, s'empare aussitôt d'un plat que la cuisinière faisait passer à sa place, et, dans son zèle, et dans sa hâte, renverse sur Mme Tony Greace tout le contenu d'une saucière...

— Admirable ! ne peut s'empêcher de murmurer Footit, qui, assis en face, voit le jeu de physionomie de l'infortuné garçon, après sa maladresse.

Mais Mme Tony Greace, elle, n'était pas d'humeur à apprécier des jeux de physionomie, fussent-ils encore cent fois plus plaisants : sa robe, cette robe de Paris qu'elle avait fait faire pour étonner l'Allemagne, sa robe neuve perdue, et toujours par la faute de ce damné Raphaël !

— Tony, s'écria-t-elle, et l'on sentait que son exaspération était à son comble, Tony, jurez-moi de me débarrasser enfin de ce sale nègre.

Et Tony Greace jura.

Au moment de partir, Footit prit Raphaël à part, et lui dit :

— Allez donc trouver demain le directeur du Nouveau-Cirque ; nous avons souvent parlé de vous ensemble, et je crois qu'il vous emploiera...

Et de fait, le lendemain, dès les premiers mots, le directeur offrait au nègre un engagement à cent sous par jour, — la fortune !...

Mais tandis que Raphaël exprime sa gratitude, et que le directeur lui explique ce qu'il attend de lui, tout à coup, au milieu d'une phrase, il s'arrête, il fait visiblement un effort pour ne pas éclater de rire... il se contient… il reprend… s'arrête encore.

Le directeur est étonné, ce qui est assez naturel, lui qui ne voit pas Footit, Footit qui s'est approché à pas de loup, et qui, derrière son dos, fait mille grimaces à Raphaël, imitant l'attitude du directeur, mimant ses paroles, répétant ses mouvements :

— Ah çà ! qu'est-ce que vous avez, mon garçon ? finit par demander le directeur.

Et Raphaël, malgré ses efforts surhumains, n'arrive plus à se contenir, il pouffe… — et peut seulement, d'un geste d'excuse, montrer, là, derrière le directeur, quelque chose… quelqu'un… et balbutier, de sa voix étranglée par le rire : C'est lui !…

Et telle fut ainsi, tout de suite, — avant la lettre, — la première « entrée comique » de Footit et Chocolat.

Un premier soin de Footit, lorsqu'il eut été décidé que Chocolat devenait un collaborateur ordinaire, fut de l'habiller ; non que la garde-robe de Chocolat fût demeurée aussi sommaire qu'au temps où Mme Tony Greace lui faisait revêtir les vieux pantalons de son mari.

Chocolat et le pantalon de Tony Greace.

Le clown pesait 250 livres !… son pantalon était coupé en conséquence ; le pauvre Chocolat dut le tourner deux fois autour de sa taille.

Mais il importait de trouver pour lui un costume approprié à son nouveau rôle, un costume qui, dès l'abord, disposât favorablement le public, et ajoutât au comique de ses entrées, et des scènes auxquelles il allait prendre part.

On était alors tout à la réjouissante invention du personnage d'Auguste, qui venait de triompher sur la piste de l'Hippodrome de l'avenue de l'Alma.

Or, Footit, observateur sagace et véritable psychologue du rire et de ce qui fait rire, Footit, devant les créations de l'Auguste de l'Hippodrome, avait eu cette conception ingénieuse : ce qu'il y avait de plaisant chez Auguste, n'était-ce pas de voir un monsieur grave, un monsieur en cravate blanche et en chapeau haut de forme, se mêler aux facéties des clowns, échanger avec eux des gifles et des coups de pied, participer à leurs sauts périlleux et à leurs culbutes les plus folles ?

Mais la cravate d'Auguste lui remonte ridiculement dans le cou, mais son chapeau a des ailes absurdes, et, lustré à rebrousse-poil, défie le coup de fer — rien à faire !

Et son habit noir est, volontairement, de la coupe la plus grotesque....

Or, ne serait-il pas, au contraire, infiniment plus drôle, et d'un comique bien plus direct, bien plus intense, que les gifles et les coups de pied fussent reçus par un impeccable gentleman, et que ce fût ce même impeccable gentleman, toujours impeccable et toujours gentleman, que l'on verrait tout à coup faire la roue, sauter en arrière ou marcher sur les mains ?

Et com-
bien plus ori-
ginal encore,
et d'un effet
plus sûr, irré-
sistible, si ce
gentleman im-
peccable était
un nègre !..

Le seul

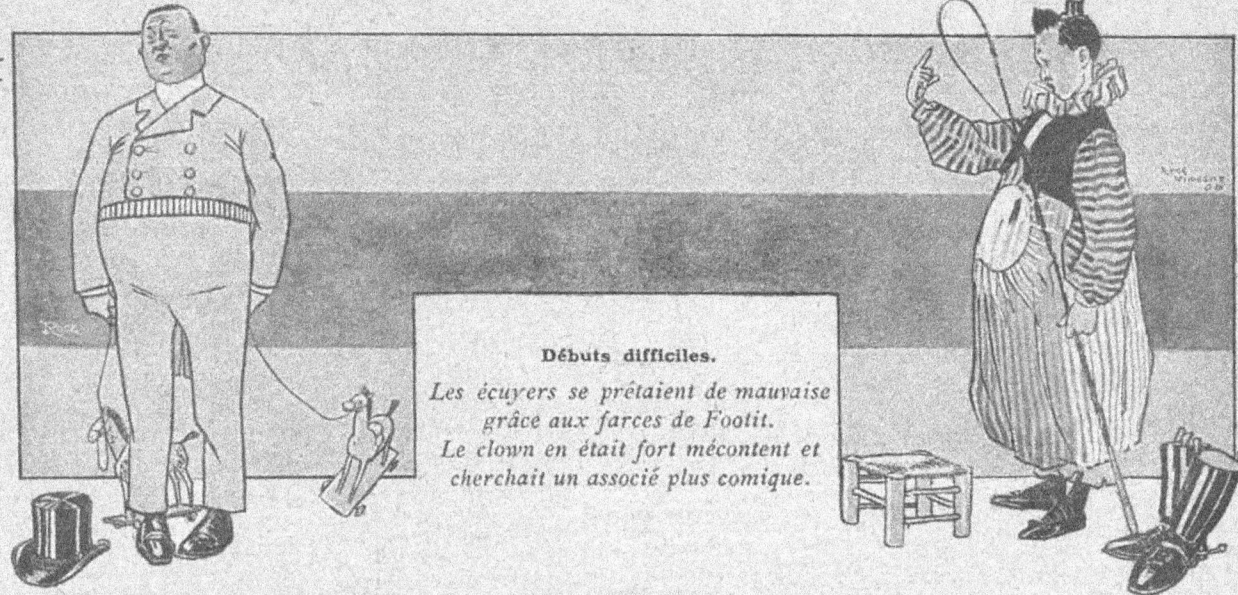

Débuts difficiles.

*Les écuyers se prêtaient de mauvaise
grâce aux farces de Footit.
Le clown en était fort mécontent et
cherchait un associé plus comique.*

obstacle eût été, peut-être, que l'habit noir, pour un nègre, n'est pas très
seyant, pas assez éclatant, ne tranche pas assez — noir sur noir.

Mais précisément, c'était le temps où, dans les bals et les réceptions,
quelques élégants, donnant le ton, s'efforçaient de mettre à la mode l'habit de
couleur et les culottes courtes.

CHAPITRE IX

Quelques Numéros sensationnels

CHAPITRE IX

Quelques Numéros sensationnels

Un beau soir, réalisant l'ingénieuse conception de Footit, Chocolat parut au Nouveau-Cirque, dans le galant équipage d'un mondain qui s'apprête à aller conduire le cotillon à la soirée de l'ambassade : souliers vernis, bas de soie, culotte de satin, habit rouge, — entre les habits de couleur, on avait choisi l'habit rouge, le mieux propre à faire ressortir le noir du visage, — habit rouge à la boutonnière fleurie, et sur la tête, un magnifique chapeau qui brillait comme un phare, de tout l'éclat de ses huit reflets !...

Et dire que ce monsieur si comme il faut, si « chic », était la proie destinée aux gifles impertinentes du clown au maillot bariolé, au visage enfariné et au petit bonnet en cône !...

Car telle est la conclusion nécessaire, l'aboutissement inéluctable des dialogues entre Footit et Chocolat :

— Monsieur Chocolat, je vais être *obligé* de vous gifler !...

Footit, méfiant et sombre, s'approche de Chocolat :

— Je vous préviens, Monsieur Chocolat, si vous m'avez pris quelque chose, je vais être obligé de vous gifler !

Et, gravement, il fouille dans ses poches à lui — Footit — il explore les profondeurs de sa poche droite dont il ne retire que la doublure ; après quoi, d'un geste semblable, il tire la seule doublure de sa poche gauche ; et ayant ainsi constaté et fait constater qu'il n'y a absolument rien, ni dans sa poche gauche, ni dans sa poche droite, Footit conclut, d'un petit ton satisfait :

— Allons, Monsieur Chocolat, je vois que vous ne m'avez rien pris, mais je vais vous gifler, parce que je croyais que vous m'aviez pris quelque chose !...

Il est malaisé de raconter les mille inventions par lesquelles Footit se classe, non seulement comme un artiste, mais même comme un auteur dramatique de premier ordre ; car c'est lui-même qui, pour la plupart, a composé les petites scènes d'un comique aussi violent que rapide dans lesquelles nous l'avons tant de fois applaudi.

Mais comment écrire le « Théâtre de Footit et Chocolat » ?

Il y manquera le ton, d'abord, cette voix admirable, aiguë et mordante de Footit, cette voix qui détache les syllabes avec la même précision que ses jarrets détachent les coups de pied.

Et l'accent, cet accent anglais qui donne aux paroles un charme tout particulier, et comme une saveur nouvelle ; de même qu'en Angleterre, l'amusement du public sera d'entendre Chocolat écorcher l'anglais ; car c'est l'avantage de Chocolat qu'aussi bien l'anglais

Le retour de Footit.

De retour au Nouveau-Cirque, après une tournée malheureuse en Russie, le clown dut faire preuve d'énergie pour couper court aux railleries de ses camarades.

que le français, il parle l'une et l'autre langue comme un nègre espagnol.

Mais Chocolat n'a pas l'organe claironnant de Footit ; il n'a pas non plus sa mimique si extraordinairement expressive.

Comment retracer les jeux de physionomie de Footit : je ne sache pas de comédien dont le masque apparaisse aussi mobile, et cela avec le maquillage incomplet et sous la lumière crue du cirque.

Il est deux sentiments dont Footit excelle, entre tous, à exprimer l'excès : c'est la colère et c'est la terreur.

Quiconque a vu Footit, dans la scène fameuse où il est contraint de se battre en duel avec Chocolat, ne saurait oublier son visage blème, claquant des dents, les yeux agrandis, les épaules tremblantes, les genoux qui s'entre-choquent, et tout son corps, comme une loque, le dos voûté, et les épaules comme rapetissées du poltron...

Mais quand Footit est en colère, ah ! l'on comprend que Chocolat n'en mène pas large !

Le visage de Chocolat est plus impassible ; c'est que sa psychologie est peu compliquée, et les sentiments peu variés de sa cervelle bornée :

— Monsieur Chocolat, vous êtes un imbécile !...

— Vous dites ?...

— Je dis : Vous êtes un imbécile !

— Non !

— Imbécile !...

— Ne répétez pas, ou je..

— Vous êtes un idiot !

Chocolat se rassérène.

— A la bonne heure ! Je veux bien « un idiot », mais je ne veux pas que vous disiez « un imbécile » !...

Parfois, cependant, Chocolat prend sa revanche.

— Monsieur Chocolat, vous savez ce que c'est qu'un téléphone ?

La maladresse de Chocolat.

Au baptême du petit Tony Greace, le nègre renversa une saucière sur la robe de sa patronne. Ce fut la cause de son renvoi et l'origine de son association avec Footit.

Et Footit, empruntant la chambrière de l'écuyer, l'allonge à terre, s'installe à genoux près du manche et enjoint à Chocolat de coller son oreille à l'autre extrémité, contre la mèche du fouet :

— Allô ! allô !... vous m'entendez ?

— J'entends !

— Allô ! allô ! Monsieur Chocolat ?...

— Monsieur Footit ?

— Allô ! Voulez-vous me prêter cinq francs ?

— Allô ?

— Me prêter cinq francs ?

— Quoi ?

— Monsieur Chocolat, si vous n'entendez pas, je vais être encore obligé de vous gifler !...

— Je n'entends pas, parce que votre téléphone ne marche pas.

— Venez à ma place, vous allez téléphoner, nous allons bien voir ; et je vous préviens, Monsieur Chocolat, si le téléphone marche, je vous donne une gifle !...

Chocolat prend la place de Footit, Footit la place de Chocolat, — et Chocolat téléphone :

— Allo ! allo ! vous m'entendez ?

— J'entends très bien.

— Voulez-vous me prêter cent sous ?...

Alors Footit, se relevant prestement :

— Vous avez raison, Monsieur Chocolat, le téléphone est cassé !...

Mais, le plus souvent, Chocolat fait preuve d'une intelligence moins déliée :

— Ecoutez, Chocolat, et devinez : connaissez-vous quelqu'un qui est né de mon père et de ma mère, et qui n'est pas mon frère, et qui n'est pas ma sœur ? Vous ne devinez pas ? Quelqu'un qui n'est ni mon frère, ni ma sœur, et qui est le fils de mon père et de ma mère, — c'est moi !

Chocolat trouve cette devinette admirable ; et, tout fier et désireux d'en étonner les autres, il se précipite vers un écuyer :

— Ce n'est pas mon frère, ce n'est pas ma sœur, et pourtant c'est l'enfant de mon père et de ma mère, qui est-ce ?

— C'est vous, répond l'écuyer.

— Mais non, c'est Footit !...

Chocolat a une grande confiance dans Footit, dans la science et les capacités intellectuelles de Footit ; n'est-

L'engagement de Chocolat.

Pouffant de rire, Raphaël montra au directeur irrité Footit qui, derrière lui, parodiait comiquement chacun de ses mouvements, mimait chacune de ses paroles.

ce pas Footit qui lui a donné cette définition de la pensée, qui ne déparerait pas, sans doute, un manuel de philosophie :

« Penser, c'est laisser monter des paroles jusqu'à sa bouche, et — fronçant les sourcils, en serrant les dents, en pinçant les lèvres, — *les retenir.* »

Aussi l'autorité de Footit sur Chocolat est considérable, impérieuse, tyrannique :

— J'ai soif ! dit Chocolat.

— Avez-vous de l'argent ? s'informe Footit.

— Je n'ai pas d'argent...

Alors Footit, péremptoire :

— Vous n'avez pas d'argent ? *vous n'avez pas soif.*

Il est naturel, et l'on s'y attend un peu, que Footit abuse parfois de son ascendant sur Chocolat jusqu'à tenter d'en faire sa dupe ; ce n'est peut-être pas très moral, mais encore une fois — étant donnés le personnage de Footit et le personnage de Chocolat, — encore une fois, cela ne laisse pas d'être bien naturel.

Donc Footit propose à Chocolat ce petit jeu : il cache ses mains derrière son dos, et Chocolat va devenir si Footit tient les paumes ouvertes, ou les poings fermés.

Un coup pour rien :

— Comment les poings ?

— Fermés, dit Chocolat.

Et Footit de présenter ses poings, fermés en effet.

— Vous voyez, vous auriez gagné. Encore pour rien ?

Le même manège recommence :

— Ouverts, dit Chocolat.

Et Footit s'empresse de montrer que, pour la seconde fois, Chocolat aurait gagné cent sous.

Cette fois, on va jouer pour de bon :

— Fermés, dit Chocolat.

Et bien entendu, Footit, qui tenait ses poings fermés derrière son dos, montre triomphalement ses mains ouvertes : Chocolat a perdu.

Et lorsque, après deux ou trois expériences également néfastes, Chocolat qui, tout de même, finit par se douter de quelque chose, veut être, à son tour, celui qui fera deviner, Footit s'y refuse avec énergie, et conclut par cet apophtegme plein de sagesse :

— Le bon sportsman est celui qui gagne toujours.

A travers le grossissement comique, cette petite scène, c'est tout simplement celle que les bonneteurs, au retour des courses, jouent, à peu de chose près, aux parieurs malheureux à qui ils offrent la partie dite de « consolation ».

Footit, joueur enragé comme on

Chocolat fait toilette

*Footit eut l'excellente idée de faire revêtir un habit rouge à Chocolat.
Cet habit lui allait comme un gant.*

sait, était payé, — ou, plus exactement avait payé souvent, — pour la connaître, cette petite scène !...

Et nous constatons ici l'utilisation fréquente, faite par le talent de Footit, des traits que l'observation aura pu lui fournir.

CHAPITRE X

L'Esprit des Clowns

Allô ! allô !
M. Chocolat?

L'Esprit des Clowns

Un observateur ! Footit a montré combien il méritait ce titre dans les parodies auxquelles il se livre, sa parodie notamment de « la mort de Sarah-Bernhardt » qui est un de ses « numéros » les plus réussis.

Et ce fut à un moment où les chansonniers de Montmartre avaient établi leur quartier général au foyer du Nouveau-Cirque, ce fut alors que Footit conçut et exécuta sa délicieuse parodie du chansonnier.

Footit s'avance au milieu de la piste, salue gravement, prévient le public qu'il va chanter *la Petite Maison*, annonce :

— Premier couplet !

Et il commence :

A la maison nous n'irons plus,
A la maison nous n'irons pas,
A la maison nous n'irons jamais pas,

A la maison nous n'irons plus...
A la maison nous n'irons plus,
A la maison nous n'irons pas...

Allô ! allô !
M. Footit ?

Chocolat s'approche, curieusement ; Footit chante toujours ; Chocolat s'impatiente : il frappe sur l'épaule de Footit ; Footit continue ; Chocolat frappe plus fort ; Footit alors s'interrompt, gifle Chocolat, — puis il recommence, annonçant à nouveau : *Premier couplet :*

> A la maison nous n'irons plus,
> A la maison nous n'irons pas...

Chocolat s'approche une seconde fois ; très doucement, il se met à donner un coup de pied à Footit ; très doucement, puis un peu plus fort, puis de plus en plus fort, dix coups de pied, vingt coups de pied, cent coups de pied, de la jambe droite d'abord, puis de la jambe gauche, cela sans que Footit feigne de s'en apercevoir, sans qu'un seul instant, imperturbable, il ait interrompu sa chanson ; tant qu'à la fin, Chocolat, n'en pouvant plus, les deux jambes fourbues, tombe épuisé ; Footit s'arrête, le contemple, à terre, d'un air méprisant ; puis avec un geste d'excuse au public pour l'incartade de ce rustre dépourvu de goût, il salue encore, et annonce qu'il recommence le premier couplet :

> A la maison nous n'irons plus,
> A la maison nous n'irons pas,
> A la maison nous n'irons jamais pas...

Et il ne faut rien moins, pour le faire taire, que l'intervention de deux garçons d'écurie qui le portent jusqu'à la sortie, chantant toujours !...

On suit aisément toute la portée littéraire de cette saynète ; nous voudrions, pour finir, en citer une autre, dont ne saurait échapper à personne la portée sociale.

Au Pensionnat de Nogent.

Footit suscitait la curiosité amusée des camarades de son fils, lorsqu'il venait visiter celui-ci dans le pensionnat où il le faisait élever.

Nous empruntons le récit, spirituel et exact, à un commentateur, — car le « théâtre de Footit » a déjà ses commentateurs, — ce qui semble bien indiquer qu'il est en passe de devenir classique.

« Une barrière, c'est la gare ; une pile de chaises est un train qui part pour Asnières. Arrivent trois voyageurs, un écuyer, un garçon d'écurie, et Chocolat. Footit est l'employé du chemin de fer. Une grosse cloche à la main, il annonce le départ du train. L'écuyer se présente :

« — Quelle classe ? demande Footit.

« — Première !

« On voit alors le clown accompagner ce personnage de marque avec tous les signes du plus profond respect ; il a retiré son bonnet pointu, il se fait petit, il est pendu à ses yeux, suit ses désirs pour les devancer presque, attentif, respectueux, servile. Arrivé dans son compartiment, il l'installe pour le mieux, a pour lui des soins de mère, et en s'en allant regarde, à chaque instant se retourne, pour voir si ses services ne seraient pas encore utiles.

« Deuxième voyageur, le garçon d'écurie.

« — Quelle classe ?

« — Seconde !

« Footit regarde le voyageur d'un air hautain, et le pousse même pour le forcer à avancer plus vite.

« Ces deux scènes n'existent que pour préparer la troisième, qui, à elle seule, est toute une philosophie.

« C'est le tour de Chocolat :

« — Quelle classe ?

« Chocolat, en voyant la façon dont le voyageur de deuxième classe a été traité, se gratte la tête.

« — Quoi ?...

« — Troisième.

« Ah ! le malheureux ! Ce n'est pas avec du mépris qu'il est conduit, c'est

Sauvetage.

*Se souvenant fort à propos des leçons pater-
nelles, Georges et Tommy sauvèrent leur
frère qui était tombé dans la Seine.*

avec une série de coups, de gifles ; il est jeté par terre, trépigné ; ses bagages, on les lui jette à la tête ; et il faut se dépêcher : va-t-on faire attendre un train pour un nègre, et de troisième classe encore !... »

Le même commentateur, M. Ernest Nomis, a écrit à propos de nos deux héros :

« Ils ont chacun leur caractère propre, connu d'avance du public : Footit c'est le maître despote, entêté, d'une intelligence bornée sur certains points mais très bien sur d'autres, mauvais, taquin, lâche avec les grands, autoritaire avec les petits. Chocolat au contraire est le nègre souffre-douleur, qui obéit, infortuné, sans se plaindre, mais qui reste paresseux et dont le masque impassible laisse le spectateur indécis de savoir s'il a devant lui une brute achevée et sans cervelle, ou un malheureux très intelligent, qui connaît sa déchéance morale, qui comprend tout, mais ne dit rien parce que... cela ne servirait à rien ! »

Passionnant sujet de dissertation, de controverse et d'analyse !

Et nous pensons bien que le jour est proche où, plutôt que de « comparer les héros de Racine et de Corneille » ou « le personnage de l'*Avare* dans Plaute et dans Molière », les professeurs demanderont à leurs élèves, — ce qui, en somme, les touche de bien plus près, et serait de nature à les intéresser bien davantage — d'établir un parallèle entre Footit et Chocolat.

CHAPITRE XI

Footit et Chocolat en Famille

CHAPITRE XI

Footit et Chocolat en famille

En chemin de fer.

*Chocolat, voyageur de 3e classe, est traité avec...
mépris par Footit... qui représente l'employé du chemin de fer.*

Ce n'est pas à mon avis, un mince honneur pour les petits Parisiens, que leur goût éclairé, et la ferveur et la fidélité de leurs suffrages, aient donné, à Footit et à Chocolat, Paris comme ville d'élection, et, mieux, comme patrie adoptive.

Footit me l'a dit, et j'en étais sûr : de tous les publics d'Europe devant qui il se présenta et qui lui firent fête, ce sont bien les jeunes Parisiens, nos fils, — et mon patriotisme n'en est pas médiocrement fier — qui comprennent le mieux, le plus vite, et dont l'accueil est, non pas le plus bruyant, mais le plus sympathique.

Pas le plus bruyant : il paraît qu'il faut revendiquer ce genre de manifestations pour l'Espagne ; les petits Espagnols crient, trépignent — le soleil, évidemment, et aussi l'entraînement des courses de taureaux.

Ces trépignements, ces cris ne laissent pas, certes, d'être assez flatteurs ; mais, par contre, il y a ceci de terrible qu'à certains moments, sans raison, simplement parce qu'il est mal disposé, ou disposé différemment, le public qui fréquente les cirques, en Espagne, décide de ne point laisser parler les clowns, fût-ce son clown le plus aimé, son clown favori — même Footit.

Et alors le clown a beau faire, il a beau prendre sa voix la plus comiquement aiguë, lancer ses plus populaires lazzis, du haut en bas des gradins, tous les enfants, tous les amateurs, tous les « aficionados » de la piste sont là qui protestent :

— Salta ! salta !

Et le malheureux artiste n'aura qu'une chose à faire, qui est de « sauter » en effet, sauts périlleux en avant, en arrière, et la « roue », et le « poirier », et mille pirouettes, jusqu'à ce que le public, satisfait et calmé, lui permette de recommencer son « entrée », et ses jeux de mots, et ses farces avec l'écuyer, bref tout ce qui constitue la « littérature » de son rôle, tout ce qui, en un mot, est la gloire d'un homme comme Footit et son inimitable génie.

Il est donc naturel que Footit préfère à ces enthousiasmes exubérants mais capricieux des Espagnols, par exemple, la sympathie plus discrète mais toujours attentive, et cordiale, et chaleureuse qu'il sent si vive et si sincère dans son cher public de Paris.

Le fait est que tous les enfants de Paris ne jurent que par Footit, ils ont pour lui une admiration presque religieuse, ils en rêvent !

Je sais, pour ma part, que les visites que voulurent bien me faire Footit et Chocolat, pour me conter leur vie et que je puisse ici transcrire leurs mémoires, ces visites ont eu dans ma maison une influence, un retentissement prodigieux, et j'ai obtenu de mes petits garçons des heures de sagesse exemplaire, simplement parce que « Footit allait venir » et que, s'ils n'étaient pas sages, *je le dirais à Footit !*

Et d'ailleurs, l'histoire n'est-elle pas connue, si jolie et attendrissante, de ce bébé gravement malade qui, dans sa fièvre et son délire, réclame Footit, veut voir Footit, *son* Footit ; et le père affolé s'informe du clown, accourt auprès de lui, le supplie, l'emmène : Footit vient, rit à l'enfant, lui fait une grimace, le fait rire, — l'enfant est guéri.

Cure émouvante et merveilleuse ! En vérité, je vous le répète, je ne comprends pas que nous n'utilisions pas

M. Chocolat chez lui.

Chocolat est un gendre dévoué et un excellent mari. Sa femme lui sert de secrétaire.

davantage, nous, pères de famille, l'influence de Footit, sinon pour la santé, au moins pour l'éducation de nos enfants ; et je tiens qu'il y aurait pour Footit une situation considérable à prendre, une situation morale qui le place à peu près à mi-chemin entre Croquemitaine et saint Nicolas.

Et puis Footit n'est-il pas dans les meilleures conditions requises pour comprendre les enfants et s'en faire comprendre — lui qui a trois garçons et une fille, et qui les aime bien, je vous le garantis — et il n'est pas besoin d'en parler longuement avec lui pour s'en convaincre !...

Georges, le flegmatique, et Tomy (n'est-ce pas Tomy que, secrètement, Footit préfère, ce Tomy qui lui ressemble tant), et la jolie Lily, si blonde et gracieuse et frêle, et cet impayable et comique petit Harry !...

Je songeais, cependant que Footit me retraçait complaisamment et avec un paternel orgueil les prouesses de ses fils, je songeais à cette anecdote de je ne sais quel poète étranger :

Un enfant, un orphelin, s'est approché de la tente que des saltimbanques viennent de dresser sur la place du village ; il y a là un autre enfant, l'enfant de ces saltimbanques, qui vient à lui et l'interroge :

— Tu n'as pas de père ? Le mien a un visage tout enfariné et il fait des culbutes et des grimaces qui sont les plus plaisantes qui soient ! Pas de mère non plus ? Ma mère à moi mange de l'étoupe et quand elle danse sur la corde tout le monde bat des mains et trépigne de joie. Vois-tu, les parents sont des gens très drôles et qui nous font rire !

Et l'autre, le pauvre petit orphelin, s'éloigne pensif en réfléchissant que ce doit être, en effet, une chose bien agréable que d'avoir des parents...

Et je me représente la curiosité émerveillée des élèves et les clignements d'œil, et les coups de coude, et les chuchotements que devait provoquer Footit lorsqu'il venait, au petit pensionnat de Nogent-sur-Marne où ses fils ont fait leurs études, lorsqu'il venait. heureux père, couronner Georges et Tomy à la distribution des prix.

Car les enfants de Footit ont été d'excellents élèves, ils étudiaient avec ardeur, avec soin, et rien, en somme, n'eût empêché qu'ils devinssent avocats, ou receveurs de l'enregistrement.

Ils parlent et écrivent le français tout à fait correctement, et c'est la joie de Footit, autour de la table de famille, de se faire reprendre sur son accent à lui, par Tomy, par Georges, ou même par le jeune Harry.

Mais quand on est le fils de Footit, le moyen de se passionner uniquement pour les analyses grammaticales ou les problèmes d'arithmétique ?

Et, entre les analyses et les problèmes, c'était Georges, c'était Tomy, qui venait implorer son père :

— Oh ! papa, je voudrais faire ça...

Footit
en automobiliste irrité, dans la Revue des Folies-Bergère.

Ça, c'était un tour que le père avait répété, un exercice de force ou de souplesse que les enfants rêvaient d'exécuter eux aussi, et que Footit leur expliquait, leur apprenait, en effet, lorsqu'ils avaient terminé ou le problème, ou l'analyse — pour les récompenser, lorsqu'ils avaient de bonnes notes.

Et c'est ainsi que les enfants de Footit sont devenus clowns à leurs moments perdus, ou que, du moins, ils ont acquis cette grâce de mouvements, robuste et agile, dont leur père, pour en être, encore une fois, moins fier que de leurs connaissances scolaires — dont leur père peut tout de même à bon droit s'enorgueillir.

A deux reprises déjà, la vie ne s'est-elle pas chargée de leur montrer toute l'importance pratique des leçons paternelles ?

Ce fut ce jour, d'abord, ce jour déjà ancien, où, descendus sur le quai des Tuileries, Georges, qui avait alors 14 ans, et Tomy 12, pêchaient à la ligne, tandis que le petit Harry jouait auprès d'eux.

Emporté par l'ardeur du jeu, cependant que ses frères, eux, étaient tout aux ardeurs de la pêche, Harry s'approche un peu trop près de la berge, fait un faux pas et glisse dans le fleuve.

Mais ce n'est pas, heureusement, en vain, que le Nouveau-Cirque a une piste nautique : Georges et Tomy se précipitent, parviennent à maintenir Harry hors de l'eau ; une sapine flotte non loin, ils nagent vers elles, s'y accrochent, et d'un rétablissement vigoureux s'y installent avec leur jeune frère, et peuvent attendre, en sûreté, qu'on les vienne chercher et sauver.

J'imagine que, ce jour-là, Tomy eut beau jeu auprès de son père, à le persuader de la supériorité de l'acrobatie, ou pour le moins de la natation, sur toutes les sciences et toute la pédagogie du pensionnat de Nogent-sur-Marne.

Car, c'est assurément Tomy qui a le plus du « sang de clown », et, dans les veines, l'amour passionné de cette profession.

Et il faut dire qu'à lui aussi une circonstance imprévue permit d'apprécier les avantages que la vie semble réserver aux acrobates : n'est-ce pas lui qui, renversé en plein faubourg St-Honoré, par un cheval attelé à une tapissière, se souvint à propos des théories et des exemples de son père, et déboulant adroitement entre les jambes du cheval, comme un acrobate qui, sur la piste du cirque, manque son coup et se relève en grâce, en fut quitte pour quelques contusions légères.

Sinon c'en était peut-être fait du continuateur de Footit ; car j'ai dans l'idée que ce jeune Tomy sera le Footit de nos fils, comme Eugène en sera le Chocolat.

Eugène — Eugène Raphaël, — est le fils de Chocolat : Chocolat est en effet, lui aussi, marié et père de famille, et la *Noce de Chocolat* ne fut pas qu'une pantomime.

Famille vraiment patriarcale, que celle de Chocolat.

N'ai-je pas là, sous les yeux, une superbe photographie du joyeux nègre en habit de soirée, gilet et cravate blanche, gardénia à la boutonnière, et raie impeccable partageant par le milieu ses cheveux crépus ; et cette photographie est ainsi dédicacée :

« *Offert à ma mère pour sa fête.* — Marie. »

Marie, — Mme Marie Raphaël, — qui écrivit ces lignes d'une écriture fort élégante ma foi (c'est elle le secrétaire habile et zélé de Chocolat), Mme Raphaël envoyant, pour la fête de sa mère la photographie de son mari : famille vraiment patriarcale, je le répète, et ne saurait trop le répéter, que celle où la photographie du gendre est le souvenir le plus précieux, le plus agréable cadeau, dont se réjouira le cœur de la belle-mère !

Et voilà qui prouve bien que, lorsqu'au cirque Chocolat fait chorus avec Footit dans ses plaisanteries contre les belles-mères, qui sont, comme chacun sait, les plus irrésistibles de toutes les plaisanteries, et qui font rire jusqu'aux petits enfants — de confiance — ce n'est là, pour Chocolat, que de la littérature

Et littérature encore, rien que littérature, la scène fameuse et classique où Footit, avec les marques extérieures du désespoir le plus profond, vient raconter à Chocolat qu'il a perdu « son pôvre femme », sa femme qui vient d'être tuée d'un coup de pied de cheval, un cheval dont c'est la spécialité — il a fait déjà plus de cent victimes, — d'assommer ainsi l'épouse de son propriétaire.

— Voilà précisément le cheval qu'il me faut, dit Chocolat, voulez-vous me le vendre ?

— Non !

— Trois mille francs ?

— Non !

— Cinq mille ? Dix mille ?

— Aucun prix.

— Mais enfin, pourquoi ? s'étonne Chocolat, un cheval qui assomme les femmes, qui vient d'assommer votre femme...

— Et ! c'est justement, riposte Footit, *je pourrais me remarier !...*

Footit et Chocolat se vantent : ils ne sont pas des époux si féroces ; et ce sont, par-dessus tout, d'excellents pères de famille. Nous l'avons déjà montré pour Footit ; quant à Chocolat, parlez-lui un peu d'Eugène et de sa petite Suzanne !

Eugène a quatorze ans ; sous la direction éclairée de son père, il sait tout ce qu'un jeune homme doit savoir à quatorze ans lorsqu'il veut et doit être clown :

— A son âge, je n'en savais pas tant ! nous confie avec émotion M. Raphaël...

Oui, souhaitons qu'Eugène continue Chocolat, comme Tomy continuera Footit.

Chocolat
*l'amusant domestique nègre
de la Revue des Folies-Bergère.*

Souhaitons-le pour nos fils et nos petits-neveux, pour leur amusement, pour leur joie.

Et nous le souhaiterons aussi pour nous-mêmes : Footit et Chocolat, ce fut toute notre jeunesse ; et nous nous apercevrons moins vite que nous vieillissons, s'il y a toujours un Footit et un Chocolat.

FRANC-NOHAIN.

TABLE DES MATIÈRES

PIERRE LAFITTE & Cie

IMPRIMEURS · ÉDITEURS

90, Avenue des Champs-Élysées, 90

P A R I S

Achevé d'imprimer en Angleterre
par Lightning Source UK